华东政法大学65周年校庆文丛

地方政府债券融资的法治约束问题研究

窦鹏娟 / 著

法律出版社
LAW PRESS·CHINA

崛起、奋进与辉煌

——华东政法大学65周年校庆文丛总序

2017年，是华东政法大学65华诞。65年来，华政人秉持着“逆境中崛起，忧患中奋进，辉煌中卓越”的精神，菁莪造士，棫朴作人。学校始终坚持将学术研究与育人、育德相结合，为全面推进依法治国做出了巨大的贡献，为国家、为社会培养和输送了大量法治人才。一代代华政学子自强不息，青蓝相接，成为社会的中坚、事业的巨擘、国家的栋梁，为社会主义现代化和法治国家建设不断添砖加瓦。

65年栉风沐雨，华政洗尽铅华，砥砺前行。1952年，华政在原圣约翰大学、复旦大学、南京大学、东吴大学、厦门大学、沪江大学、安徽大学、上海学院、震旦大学九所院校的法律系、政治系和社会系的基础上组建而成。历经65年的沧桑变革与辛勤耕耘，华政现已发展成为一所以法学为主，兼有政治学、经济学、管理学、文学、工学等学科的办学特色鲜明的多科性大学，人才培养硕果累累，科研事业蒸蒸日上，课程教学、实践教学步步登高，国际交流与社会合作事业欣欣向荣，国家级项目、高质量论文等科研成果数量长居全国政法院校前列，被誉为法学教育的“东方明珠”。

登高望远，脚踏实地。站在新的起点上，学校进一步贯彻落实“以人为本，依法治校，质量为先，特色兴校”的办学理念，秉持“立德树人，德法兼修”的人才培养目标，努力形成“三全育人”的培养管理格局，培养更多应用型、复合型、高素质的创新人才，为全力推进法治中国建设和高等教育改革做出新的贡献！

革故鼎新，继往开来。65周年校庆是华东政法大学发展史上的重要里程碑，更是迈向新征程开创新辉煌的重要机遇。当前华政正抢抓国家“双一流”建设的战略机遇，深度聚焦学校“十三五”规划目标，紧紧围绕学校综合改革“四梁八柱”整体布局，坚持“开门办学、开放办学、创新办学”发展理念，深化

“教学立校、学术兴校、人才强校”发展模式，构建“法科一流、多科融合”发展格局，深入实施“两基地（高端法律及法学相关学科人才培养基地、法学及相关学科研究基地）、两中心（中外法律文献中心、中国法治战略研究中心）、一平台（“互联网＋法律”大数据平台）”发展战略，进一步夯实基础、深化特色、提升实力。同时，华政正着力推进“两院两部一市”共建项目，力争到21世纪中叶，能把学校建设成为一所“国际知名、国内领先，法科一流、多科融合，特色鲜明、创新发展，推动法治文明进步的高水平应用研究型大学和令人向往的高雅学府”。

薪火相传，生生不息。65周年校庆既是对辉煌历史的回望、检阅，也是对崭新篇章的伏笔、铺陈。在饱览华政园风姿绰约、恢弘大气景观的同时，我们始终不会忘却风雨兼程、踏实肯干的“帐篷精神”。近些年来，学校的国家社科基金法学类课题立项数持续名列全国第一，国家社科基金重大项目和教育部重大项目取得历史性突破，主要核心期刊发文量多年位居前茅。据中国法学创新网发布的最新法学各学科的十强排名，学校在法理学和国际法学两个领域排名居全国第一。当然我们深知，办学治校犹如逆水行舟，机遇与挑战并存，雄关漫道，吾辈唯有勠力同心。

为迎接65周年校庆，进一步提升华政的学术影响力、贡献力，学校研究决定启动65周年校庆文丛工作，在全校范围内遴选优秀学术成果，集结成书出版。文丛不仅囊括了近年来华政法学、政治学、经济学、管理学、文学等学科的优秀学术成果，也包含了华政知名学者的个人论文集。这样的安排，既是对华政65华诞的贺礼，也是向广大教职员工长期以来为学校发展做出极大贡献的致敬。

65芳华，荣耀秋菊，华茂春松，似惊鸿一瞥，更如流风回雪。衷心祝愿华政铸就更灿烂的辉煌，衷心希望华政人做出更杰出的贡献。

华东政法大学65周年校庆文丛编委会

2017年7月

目　　录

绪　论

近年来，我国地方政府性债务问题正在成为社会各界关注的焦点话题。地方政府性债务是指地方政府（含政府部门和机构）、经费补助事业单位、融资平台公司等直接借入、拖欠或因提供担保、回购等信用支持，因公益性项目建设形成的债务。〔1〕国家审计署曾分别于2011年和2013年先后两次对政府性债务进行全面审计。〔2〕在此基础上，2014年国务院发布《关于加强地方政府性债务管理的意见》（国发〔2014〕43号，简称国务院43号文），财政部也制定了《地方政府存量债务纳入预算管理清理甄别办法》（财预〔2014〕351号），此后国家又相继出台各种关于地方政府性债务管理的政策措施，这一系列举措都旨在有效破解我国目前所面临的地方政府性债务困境。

囿于财政收入的有限性，地方政府总是存在资金缺口。突破财政的局限，通过各种方法拓宽资金来源就成为各地方政府突破资金"瓶颈"的普遍做法，由此造成了地方政府融资的乱象和地方政府性债务的不断膨胀。在地方政府融资渠道中，发行地方政府债券是一种重要方式。中共十八届三中全会通过的《中共中央关于全面深化改革若干重大问题的决定》提出了

---

〔1〕 参见刘尚希、赵全厚：《正确认识地方政府性债务》，载《光明日报》2013年8月23日，第11版。

〔2〕 其中，2011年的审计针对全国地方政府性债务，涉及省、市、县三级地方政府，审计内容包括地方政府负有偿还责任的债务、负有担保责任的债务以及其他相关债务。2013年的审计针对全国政府性债务，涉及中央、省、市、县、乡五级政府，审计内容包括政府负有偿还责任的债务、政府需履行担保责任的债务以及政府可能承担一定救助责任的债务。

“发展并规范债券市场，提高直接融资比重”的要求，同时还要求“建立透明规范的城市建设投融资机制，允许地方政府通过发债等多种方式拓宽城市建设融资渠道”。我国2014年新修订的《预算法》也赋予了地方政府依法适度举债的权力，这预示着我国地方政府融资机制将进入重要的转型时期，发行债券将成为地方政府举借债务的唯一合法方式。然而由于发展起步晚以及相关法律制度还不够完善，与国际上成熟的市政债券融资方式相比，我国地方政府债券融资还存在不少问题。本书立足于我国深化经济体制改革的宏观历史背景，面对地方政府债务问题日益突出的现实紧迫性，以债券市场法治体系为理论基础，围绕如何实现地方政府债券融资的法治化问题进行研究论证。

一、研究意义

在理论上，本书的研究意义主要体现在两个方面：

第一，将地方政府债券融资纳入债券市场法律问题进行研究，为债券市场理论体系注入新的内容。关于债券市场，当前的研究中尽管也谈到了政府债券问题，但在如此宏观的架构之下，地方政府债券融资问题不可能得到深入具体的研究。本书是在债券市场的范畴下，专门针对地方政府债券融资中的发行模式、信用评级、信息披露、约束机制等法律问题进行探讨，因此较之此前的泛泛研究能够在深度与细致程度上获得较大突破。同时，本书将政府与市场的关系问题有机地融合在地方政府举债融资的法治机制研究之中，以期通过对具体问题的研究探索为政府与市场关系的重构注入新思路。

第二，本书结合公共财政理论、现代政府理论与债券融资理论，沟通相关学科关于城市建设与政府融资问题的共性，为学术界尤其是法学界深入研讨地方政府债券融资问题打开视野，促使形成地方政府债券研究的新起点、新局面。

在实践中，本书的意义主要体现在三个方面：

第一，在国家治理整顿地方政府性债务的背景下，通过梳理和总结我国地方政府债券融资中存在的法律问题，为我国形成法治化的地方政府债券融资机制、建立法治化的地方政府债券市场提供思路。地方政府性债务问题正在成为制约地方经济社会发展和引发政府财政危机的导火线。我国曾经对地方政府发债行为采取严格的限制政策，但这并没有解决地方经济建设所需的资金问题，反而造成实践中地方政府融资平台的大量涌现以及地方政府举债行为的异化现象。地方政府债券融资是城市建设与发展不可避免的问题，我国刚刚确立了地方政府债券预算及发行管理办法，[1]如何规范地方政府债券融资行为，促使地方政府以市场化、法治化的方式进行债券融资正是本选题着力研究的核心问题。

第二，深入挖掘地方政府负债的动机，通过为地方政府债券融资设立责任约束机制，以期从根本上抑制地方政府的举债冲动，减轻地方债的"代际传递"现象，改善地方债规模居高不下、乱象丛生的状况，从而达到国家治理整顿地方政府性债务问题的目的。

第三，从政策与法律的视角考察我国地方政府债券发展历程，在检讨我国现行相关法律制度的基础上敦促尽早建立地方政府债券融资新规则。地方政府债券是我国地方政府举借债务的唯一合法方式，作为一种直接融资手段，通过发行地方政府债券的方式进行融资对促进地方经济建设和社会发展的作用十分明显。我国地方政府债券无论在性质上还是在融资行为的规范性方面均存在问题，正确认识并分析这些问题，从而探索如何在法治框架内通过建立完善的地方政府债券融资规则解决这些问题是本书研究的重要意义。

二、相关选题的国内外研究状况述评

（一）国内研究情况

地方政府债券问题是近年来学术界研究的热点问题之一。2009年我国恢复发行地方政府债券，并由财政部代理发行之后，研究成果在数量上呈成倍增长之势。在中国学术期刊网上，以"地方政府债券"为主题可以检索到的文献数量多达13000余条，[2]足见学者及社会各界对该问题研究的热情与关注程度。然而遗憾的是，这些研究成果多分布在财政与税收、证券、金融、政治、宏观经济管理与经济体制改革等学科领域，研究主题主要集中于地方政府债券

---

〔1〕 2015年3月12日，"为加强地方政府性债务管理，规范地方政府一般债券发行等行为，保护投资者权益"，财政部发布了《地方政府一般债券发行管理暂行办法》。2015年4月2日，为规范地方政府专项债券发行等行为，财政部又发布了《地方政府专项债券发行管理暂行办法》。2016年11月9日，财政部同时发布了《地方政府一般债务预算管理办法》和《地方政府专项债务预算管理办法》，这两个办法也适用于地方政府一般债券和专项债券的预算管理。

〔2〕 检索时间为2017年6月24日。

可行性与制度选择、风险及其度量与控制等方面。法学界的研究成果仅有500余篇/部，其中经济法领域的研究占据绝大多数，研究主要侧重于地方政府债券的监管与法律规制方面，总体来看在研究成果数量的提高、质量的提升，以及研究的广度、深度和细致程度上还有待加强。

从现有文献来看，学者董奋义等较早地从我国财政体制的演化入手，对地方债券融资的初期定位与市政债券监管体制等问题进行了探讨（董奋义、苗锋，2003）；王建平认为地方政府债券应纳入《证券法》进行调整，我国《证券法》应对地方政府债券发行规则、交易规则与违法处罚规则等相关条款予以修改（王建平，2011）；学者李晓新等认为，我国目前的地方债缺乏必要和完备的法律监督机制，应通过构建有序的政府债券发行与监督机制来有效规制地方政府的发债行为（李晓新、疏平，2012）；学者冯兴元等对我国城投债和地方政府债券的发展状况与特点进行了梳理，对照国际经验提出了中国市政债券的规则框架（冯兴元、李晓佳，2013）。

近年来，随着地方政府性债务问题的日渐突出和国家对于地方政府债券政策与法律的明朗化，相关研究逐渐增多和细化。例如，有学者在《我国地方政府债券的发展及其立法跟进》一文中提出了科学构建我国地方政府债券法律制度体系所面临的挑战以及尽快提速相应的立法跟进的建议（席月民，2014）；《我国地方政府债券的制度选择》一文对我国地方政府债券的发行模式进行了分析论证，提出了应有效规范地方政府融资行为的建议（朱小川，2014）；还有学者研究探讨了财政分权模式下地方政府债券融资中的发行方式及其效率、福利效应以及最优信息准确度管理等问题（王永钦、戴芸、包特，2015）；另有学者分析了我国地方债务金融化的现象，认为必须将地方债务的金融风险纳入金融法治轨道（阳建勋，2016）；还有学者对我国地方政府债券融资的法律监管程序问题进行了研究，指出了我国在这方面存在的问题并提出了完善的建议（戴传利，2016）；有学者探讨了中央集权制框架下地方政府举债层级化合理配置问题，认为要实现这一合理化配置需在央地关系的治理框架和财税体制完善过程中予以推进（张婉苏，2017）。

在著作方面，关于地方政府债务的研究相对丰富，其中的不少作品都部分探讨了地方政府债券融资问题。较有代表性的如：王旭坤著《中国地方政府举债权研究》（法律出版社2016年版），论证了正式赋予地方政府举债权的利弊得失，也探讨了如何在法制框架内规范地方政府的举债、用债行为；陈骁著《经济法视角下的地方政府融资问题研究》(法律出版社2015年版)，对我国地方政府融资问题的根源以及解决之道进行了找寻与探索，提出要从需求控制和供给控制两个维度规范地方政府的融资行为；向东著《中国政府债券法律制度研究》(中国言实出版社2014年版)，在借鉴国际成功经验的基础上，结合我国实际情况提出了我国政府债券的立法构想。还有一些著作是从经济学等学科的视角进行讨论的，许多法律问题在书中没有涉及。如杨辉著《市政债券发行规则与制度研究》(经济科学出版社2007年版)，其中谈到了我国市政债券的发展战略、财政规则、制度框架及政策建议等问题。从更加外围的范围检索，其他有关债券方面的著作中也有部分内容提到了地方政府债券问题，但却鲜有结合我国当前的地方政府债务困境，从法治约束的视角研讨地方政府债券融资的论著。

现有文献中，尽管学者之间在具体观点与建议方面存有分歧，但就以下几点却达成了共识：地方政府具有强烈的负债冲动，地方政府债券是地方政府举债融资的重要方式，我国亟待建立地方政府债券融资法律制度以规范地方政府债券融资行为。现有文献解决了以下几个方面的问题：(1)剖析了目前我国地方政府面临的融资困境，提出了金融支持城镇化建设的对策建议，初步探讨了市政债券、地方政府融资平台等在地方政府融资中的运用。(2)厘清了地方政府负债的原因，提出了将地方政府债券纳入《证券法》调整的观点，参照成熟市场经验设计了我国市政债券的规则框架。(3)分析了地方政府债券的风险，指出了存在发行定价、信息披露、信用评级等问题，提出了监管的必要性以及责任约束的建议。

目前的研究没有很好地回应和解决以下几个方面的问题：(1)面对新的《预算法》和地方债管理新规，地方政府如何实现举债融资模式的顺利转型？作为地方政府唯一合法的债务举借方式如何使地方政府债券的融资功能得到最大发挥？(2)地方政府债券能否有效抑制地方政府的负债冲动，采用此种融资方式能否避免以往融资中的各种违法违规现象？(3)如何利用法治机制，对地方政府债券融资进行有效约束，建立法治化的地方政府债券市场？

相对而言，“地方政府债券问题”还是一个相对“年轻”和充满活力的研究课题，研究主题从早前关于地方政府债券可行性与必要性的探讨，发展为契合我国地方政府实际状况提出具体的制度设计，显示了研究者们务实和注重应用的研究品质。但总体来看，法学界目前关于该选题的文献尤其是直接研究成果十分稀缺，研究状况呈现出极大的分散性，未来亟须在研究的系统性、广度、深度、细致程度以及成果质量等方面予以加强。

（二）国外研究情况

政府债券问题在国外也是学者研究的一个热点，Westlaw、HeinOnline、Lexis、JSTOR、SSRN等外文数据库均能检索到大量相关文献。与国内研究类似，经济学学者对于该问题的研究已经十分充分，研究集中在市场结构、利率、流动性、风险以及相关的财税问题等方面，其中也涉及了部分法律问题。法学界对于政府债券研究的兴趣主要在法律规则、信息披露以及债券持有人保护等方面。

在已有研究成果中，学者大卫·格林伯格（Ronald David Greenberg）较早地关注了有关市政证券规则与实务方面的问题，指出伴随着国家和地方政府开支的增加，在过去10余年间以债务证券方式向大众进行的市政融资正在不断增长。市政融资对于美国资本市场的重要性不言而喻。丽莎·菲恰德（Lisa M. Fairchild）与南·埃利斯（Nan S. Ellis）认为，美国市政债券市场规模尽管庞大，但对其监管却极为不力，市政债券市场缺乏连续且全面的信息披露致投资者处于过度风险之中，美国SEC的15c2-12规则关于强制信息披露规定在市政债券问题上彰显出不足之处。克里斯汀·萨加拉塔·重（Christine Sgarlata Chung）认为，尽管市政证券对于那些脆弱和风险厌恶的投资者而言是安全的，因为作为发行人的国家与地方政府很少违约，然而关于市政证券市场及其风险的传统认知对于监管政策而言却是不充分的，这是由于它忽视了发行人和纳税人所面临的政府运用债务和衍生工具进行重要基础设施及公众服务融资时的风险与成本。菲利普·格鲁曼（Philip Grommet）尖锐地指出当前的市政债券市场与其“冷清市场”的名号并不相符，并通过一系列确凿的数据提出了市政证券市场违约事件很可能将经历一次前所未有的增长，因此需要尽快回应这一变化，改革其监管体系。

相对而言，国外对于政府债券的研究已经不再局限于是否必要和可行等问题的探讨，而是主要集中于规则建构与制度完善方面，着重于从监管的视角对市政债券的信息披露以及投资者保护等问题进行研究。然而囿于国情、制度以及环境方面的差异性，国外研究中所得出的建议与结论是否适应我国情况还有待进一步验证。与国内研究相似的是，国外的相关研究也缺乏系统性，比较分散，而且研究视角较为单一，尤其缺乏对于地方政府债券相关法律问题的专门系统性研究，不得不说这是国内外相关研究的一个共同缺憾。

三、研究目标及支撑性观点

本书立足于我国深化经济体制改革的宏观历史背景，面对地方政府债务问题日益突出的现实紧迫性，以债券市场法治体系为理论基础，围绕如何实现地方政府债券融资的法治化问题进行研究论证。

在国家深化经济体制改革和经济社会转型的关键时期，经济新常态以及建设新型城镇化的要求，将会给地方政府带来更大的资金压力，债务问题和融资难题会在未来很长一段时间困扰地方政府。本书的支撑性观点如下：(1)化解地方债危局的关键，除了进行财政体制改革以实现地方政府财权与事权的匹配外，还应将重点放在促进地方政府融资机制的市场化和法治化转型方面；(2)我国当前的地方政府债券融资还存在制度上的缺陷和约束机制不足的问题，其发展还深受一些非市场化因素影响，这些问题的存在决定了这一机制对于解决我国地方政府融资难题的局限性；(3)依据我国现行法律，绝大多数的市级和县级政府依然没有举借债务的资格，但现实中这两级政府的债务负担更重、融资需求更强烈，违法违规和隐性举债的风险很大，应从现实出发解决这两级政府的融资难题；(4)解决地方政府债务问题，不能仅依赖于规模控制，更重要的是考虑地方政府的偿债能力，应以偿债能力为基准确定地方政府债券发行的额度；(5)破解我国地方政府债券融资困境的法治思路，是硬化预算约束并严格责任机制以抑制地方政府负债冲动，强化监管与监督促使形成规范发展的地方政府债券市场，健全地方政府债券信用评级制度，促进地方政府资产负债信息的公开，增强地方政府的偿债能力，完善地方政府偿债保障机制。

四、研究的主体框架及主要内容

本书围绕地方政府债券融资的法治约束问题从以下五个方面展开研究：

第一，地方政府负债问题及我国地方政府性债务危局。作为研究的背景和起点，本部分着重于解答两个问题：一是地方政府负债的原因以及地方政府举债所造成的一系列问题；二是目前我国所面临的地方政府性债务情况究竟达到了何种局面。

第二，地方政府举债融资模式的演变与转型。两次审计开启了国家治理地方债问题的新篇章，新的《预算法》和地方债新政的施行催生了地方政府举债融资模式的转型。这一部分的研究重点有三个：地方融资平台模式下地方政府举债的具体形式、特点、产生的风险与问题；地方政府举债权的演变历程；新《预算法》及地方债新政催生地方政府融资新格局；地方政府债券融资模式的优越性。

第三，地方政府债券融资中的突出问题与面临的发展困境。尽管地方政府债券融资相比融资平台更加规范和透明，但仍面临不少问题。本部分重点就这些问题从法律角度进行分析和探讨：我国地方政府债券融资的法制框架；我国地方政府债券的监管机制与失灵隐患；我国地方政府债券发行定价机制与市场化程度；地方政府债券融资中信息披露的特殊性及在我国存在的障碍；我国地方政府债券信用评级的问题与影响；我国地方政府债券融资的违约风险及债务偿还机制的缺陷；我国地方政府债券融资发展面临的非市场化因素和违法违规举债现象等。

第四，地方政府债券融资约束机制的构建。缺少责任约束是地方债不断膨胀的重要原因，本部分从政府责任理论出发，着重考量如何通过建立相应的责任机制来约束地方政府的债券融资活动，内容包括：地方政府举债融资的责任理论；地方政府作为地方政府债券发行人的责任；地方政府债券融资中的官员问责与追究机制；地方政府债券融资中其他参与主体的责任约束；多层次地方政府债券监管与监督机制的构建，包括地方政府债券融资的政府监管、市场约束和社会监督机制。

第五，法治化地方政府债券市场的制度建构。本部分针对地方政府债券融资中的问题，从法治角度提出解决的基本思路：首先是切实结合我国国情完善地方政府债券融资的法治框架。在此基础上构建契合地方政府债券特质的市场制度，包括体现地方差异性的地方政府债券信用评级制度、符合地方政府债券属性的信息披露制度。最后，考虑中央不救助原则下如何建立地方政府债券的违约预警及债务偿还机制，包括偿付方式的制度设计、偿付资金来源以及偿付管理制度等。

五、研究思路及研究方法

本书把握国家治理整顿地方政府性债务的良好契机，对地方政府债券融资的法治约束问题进行研究。基本的研究思路是：首先厘清目前困扰我国地方政府债券发展的重要法律问题，然后通过系统性的研究提出规范地方政府债券融资的基本法治框架，最后结合当前的新形势探索我国地方政府债券融资法治化机制以及法治化地方政府债券市场的形成路径。

关于研究方法，本书首先以历史唯物主义和辩证唯物主义为总体指导，采取由实践到理论再到实践的办法，将经验分析与理性构建两个层面结合起来，在对地方政府债券融资法律问题进行实证研究的同时，也从理性的角度审视和思考地方政府在债券融资中可能出现的违法违规行为，以及如何借鉴国外相关制度治理我国地方政府债券市场的问题。

具体而言，本书还将采取综合比较分析、历史分析以及制度分析的方法进行研究。其中，将对国外成熟地方政府债券法律制度进行对比和分析，总结其在地方政府债券立法中的共性与个性，得出完善我国立法的启示；另外将以历史眼光考察我国地方政府债务以及债券融资问题，分析其时代背景并研究演变趋势，结合我国实际情况提出实现地方政府债券法治化的基本思路；最后将从我国经济转型的宏观背景出发，利用国家清理整顿地方债务的契机，采用制度分析的方法就我国地方政府债券法律制度的具体设计问题进行研究论证。在整个研究过程中，还将注意通过案例追踪以及实地走访调研等方式了解和掌握研究主题的最新进展，以确保研究的全面性、严谨性和新颖性。

六、创新之处与存在的不足

本书立足于我国经济社会转型的宏观背景之下，在地方政府债务问题日趋突出的现实考量下思考我国如何通过法治手段有效约束地方政府的债券融资活动，促使形成市场化、法治化的地方政府债券市场。本书可能在以下方面存在创新：

1.研究视角的独特性。本书在债券市场法治理论体系下，从解决地方政府性债务的现实紧迫性入手，结合政府与市场关系的宏观讨论，对地方政府的融资角色进行重新定位，将研究的视角始终聚焦于地方政府债券融资法治机制的实现，以区别于“大而全”式的地方债研究模式，使研究既有理论高度又注重实践和问题导向。

2.研究内容与观点的突破性。本书在研究内容上的创新包括以下几点：(1)地方政府举债融资现象的演变规律。不同时期不同国度，地方政府举债融资的表象尽管各不相同，但宏观来看仍遵循如下演变规律：举债行为从偶然为之到常态发生、举债规模从无序增长到理性发展、举债方式从依赖行政权威到尊重市场规律、举债机制从缺乏制度规制到注重法治约束。(2)地方政府债券融资法治机制的实现。地方发行债券融资虽然是一种市场化行为，但没有法治做保障市场化无从谈起。地方政府债券融资是在法治框架内对地方政府信用的市场化运作，本书的研究目的就是实现我国地方政府债券融资的法治机制。(3)法治化地方政府债券融资的制度设计。法治化地方政府债券融资的关键在于制度设计，本书在具体的制度建构上努力做到了既不迷信国外“先进”又不盲目夜郎自大，在合理借鉴域外经验的同时又切合我国的实际情况与现实需求。(4)地方政府债券融资在政府融资体制中的角色定位。本书认为，地方政府债券融资只是政府融资体制中的一种机制，能够发挥的融资作用有限，需与其他融资机制综合运用、协调分工，才能解决地方政府的资金压力和融资难题。

3.文献资料的新颖性。本书研究所需的法律法规等资料，如党的十八届三中、四中全会文件、地方政府债务管理新规、新《预算法》等，作为研究基础的相关数据、案例以及大部分的文献材料都力求及时、新颖，且随时进行文献资料追踪和更新以保证研究的精准性。

当然，本书还存在以下方面的不足之处：

第一，理论深度的拓展问题。金融法作为法学部门中一门极为年轻的学科，其本身的理论积淀尚有待深化和加强。现代意义上的地方政府债券的历史相对短暂，而我国甚至才刚刚开始发展。尽管这一领域的实践进展与学术研究呈现出“双丰收”的繁荣景象，然而受制于历史短暂这一根本事实，却未形成具有自身特色的学术性理论。鉴于此，本书的研究可能在理论深度的拓展方面还存在欠缺。

第二，制度改进的具体细节及其实现的问题。作为一名理论研究者，笔者缺乏相关领域的实践经验，因而在具体的制度改进方案中可能存在理论化和理想化的倾向，未能充分接触和感受现实世界中地方政府债券融资中的各相关主体的真实诉求，因此所提出的制度改进的具体细节及其实现路径可能存在一定缺陷。

第三，我国当前地方政府债券融资的实践发展日新月异，各种政策规定和监管措施频繁出台，这就难免造成地方政府债券融资的理论研究滞后于实践的发展。具体到对本书的影响，就是其中的一些研究内容可能无法准确反应和解释地方政府债券融资中的现实问题。

第一章 地方政府负债问题与我国地方政府性债务危局

近年来，在媒体的频繁曝光和政府一系列新政的共同作用下，我国地方政府性债务问题引起了社会公众的广泛关注。地方政府举债融资并不是中国特有的现象，我国大规模地方债的形成也有其历史时代和体制机制方面的原因。不可否认，地方债务曾经为推动地方经济发展、增强地方基础设施建设、提高地方公共产品供给、改善民生等方面发挥了重要作用。然而时至今日，庞大的地方债规模已经令地方政府不堪重负。随着债务偿还期限的集中到来，地方政府面临着沉重的偿债压力，如果不能通过适当的方式予以纾解，则地方政府的境地不容乐观。

第一节 地方政府负债的历史探源

我国地方政府性债务的高企引发了社会各界的关注。地方政府负债是指一定期限内，地方政府通过各种债务方式获取资金来支持日常以及建设开支，在形式上包括主动负债和被动负债两种类型。前者是指地方政府利用各种财政金融工具为地方经济和基础设施建设筹集资金所形成的实质上的债务承担；后者是指由于政府组织的各种收入，包括一般预算内收入、预算外收入以及制度外收入难以支持各种支出所形成的客观差额。[1]

事实上，地方政府负债既不是中国特有的现象，也不是当代才滋生的政府行为。据统计，在世界53个主要国家中，有37个国家是允许地方政府举债的。但大多数国家同时也对地方政府的举债权限进行了法律规制，规定地方政府只能对内举借债务，只有联邦或中央政府才能举借外债。[2]按照经济学的界定，中央政府和地方政府举借的各项债务统称为公债。[3]其中，属中央政府发行的公债为国家公债或国债；属地方政府发行的公债为地方公债或地方债。[4]

据文献记载，公债的历史甚至可以追溯至公元前4世纪，当时的古希腊和罗马就已经出现了国家向商人、高利贷者和寺院举债的现象。[5]只不过，早期的政府融资只是一些偶然的私下借贷行为。[6]早期的意大利城邦国家中也出现了债务融资的现象。相比于增加新税种和提高税率，公众更易于接受政府从富人那里借债的做法。早在公元1152年，热那亚政府就曾以关税收入为担保从国外和富人那里筹集了50里拉，并将借债作为一种解决临时性收支不平衡的办法。公元1164年，威尼斯政府也通过设立担保从12位富人那里借入了1150马克（当时约相当于270千克白银）的贷款。由于当时不断爆发的战争致使各城邦国家需支付更多的军费，各地政府越来越多地求助于借债，借债遂成为那一时期意大利中北部一些城邦国家主要的财政来源。[7]公债起初只是应对战争、天灾等的应急筹款举措或弥补国家财政赤字的需要，但随着政府职能的逐渐扩大和政府开支的增加，公债的功能已由弥补财政赤字拓展为稳定财政、调整金融以及对国民经济进行宏观调控等多个方面。[8]

早在19世纪初，美国各州和地方政府就开始较大规模地利用负债，迄今为

〔1〕 参见冯兴元、李晓佳：《地方政府负债问题与市政债券的规则》，载《学术界》2013年第10期。

〔2〕 参见谢群：《国外地方政府债券发行模式借鉴及启示》，载《地方财政研究》2013年第6期。

〔3〕 公债在经济学上的界定是指“中央政府和地方政府举借的各项债务”。参见《中国大百科全书·经济学》(1)，中国大百科全书出版社1988年版，第212页。

〔4〕 参见潘国旗：《近代中国地方公债研究——以江浙沪为例》，浙江大学出版社2009年版，第4~5页。

〔5〕 参见《苏联大百科全书选择——国家公债》，人民出版社1954年版。转引自邓子基等：《公债经济学》，中国财政经济出版社1990年版，第4页。

〔6〕 参见宋立：《地方公共机构债券融资制度的国际比较及启示——以美国市政债券与日本地方债券为例》，载《经济社会体制比较》2005年第3期。

〔7〕 参见［意］卢西亚诺：《意大利城邦的政府债券》（上），王宇译，载《金融发展研究》2014年第7期。

〔8〕 参见王旭坤：《中国地方政府举债权研究》，法律出版社2016年版，第234页。

止美国的州及地方政府公债制度已经运行了2个世纪。[1]与联邦地方政府公债相比，美国州政府和地方政府的举债通常与经济政策无关，而是与州和地方的基本建设，如运河、铁路、公路等有关。美国的地方公债在法律上被称为“市政债券”（municipal bonds），它是由美国的州、地方政府及其下属机构和特别行政区发行的债券。早在1812年，因当时的纽约州开凿伊利运河需要筹集资金，纽约州政府遂发行了第一只市政债券。南北战争结束至第一次世界大战结束期间，美国城市化快速发展，城市建设所需的巨额资金需要地方政府筹措，因此这一时期也是美国市政债券蓬勃发展的时期。如今，市政债券早已成为美国州及州以下地方政府筹措公共资金的重要工具，美国也成为目前世界上发行市政债券规模最大的国家。

明治初年，日本就有了发行地方公债的先例。但当时日本地方政府并不能自主举债，其举债须经议会同意。第二次世界大战后，日本从制度到文化皆受到美国的极大影响，例如，其金融制度就是引进了美国的金融制度。[2]日本于第二次世界大战后修改的宪法增加了关于地方自治的内容，地方政府开始有了债券融资的权利，成为债券发行的主体之一。地方债开始在日本战后的地方财政中占据一席之地。如今，地方公债收入已经成为日本地方政府的第三大财政收入，发行地方债券既是日本地方政府扩大地方财源的重要手段，也是支撑日本地方政府财政的重要支柱之一。

作为联邦国家的澳大利亚，也从宪法的高度明确赋予了地方政府举债的权限。《澳大利亚联邦宪法》第4章第105条规定，在联邦与州达成协议的基础上，州政府有权进行举债，并有义务对该项债务进行监管和偿还。另外，《澳大利亚诚信预算宪章》《澳大利亚新财政管理法》《澳大利亚完整政府预算法》《澳大利亚强化职能履行报告法》等法案对于地方政府债务的举借与管理作出了更加具体的规定。

此外，欧盟一些国家对地方政府负债问题也早有立法。如，比利时、西班牙以及挪威政府对于地方政府赤字有明确的规定，对地方公共支出的最高规模也作出了限制性规定。再如英国的法律规定了地方政府借款须满足黄金规

---

〔1〕 参见章江益：《美国财政联邦制条件下州和地方政府的债务控制》，载《财政研究》2007年第3期。

〔2〕 参见王旭坤：《中国地方政府举债权研究》，法律出版社2016年版，第245页。

则和可持续规则，前者是指政府借款只能用于资本性支出，不得用于经常性支出；后者是指国债余额占GDP的比重必须控制在稳定和审慎的水平，在其他条件不变的情况下，债务余额占GDP的比重必须保持在40%以下。[1]

就我国而言，地方债属于“舶来品”，我国自晚清时期才出现了地方政府举债的现象。早在公元前256年，周赧王以天子名义召集六国出兵伐秦，但当时苦于军费奇缺，周赧王便向富商地主借钱，最终竟无法偿还，以至于有了后来的成语——债台高筑。[2]按照今天的公债理论，周赧王的债务当不属于真正意义上的国家公债，而应归为国王的私债。事实上，自周赧王之后的2000多年间，国王或皇帝深以周赧王为戒，往往谈债色变。况且，在古代封建君主专制集权统治下，皇帝拥有至高无上的权力，普天之下的财富在理论上都属于国王或皇帝所有，只要需要国王或皇帝随时都可以“拿走”。在今天看来作为平等主体之间的“借债”行为，在古代君主看来却是让臣民成为自己的债主而自己成为债务人，这与其一直以来高高在上、发号施令的角色与地位完全不符，按照三纲五常的等级秩序臣民作为君主的债主简直是一种大逆不道的行为。因此，在君主专制的极权统治下，举借内债被认为是不可能适用于君主和臣民之间的，因此国王或皇帝不可能也无须发行公债。而那个时候的地方政府由于没有独立的财权，自然也没有举借债务的权力。

到了晚清时期，由于太平天国内乱尤其是甲午战争以后，军费的激增与巨额的赔款支出使清政府财政紧张，朝廷不得不大肆举借外债。但对于向自己的臣民举借内债，清政府在观念上的障碍还未消除，认为堂堂官府怎么能向自己治下的百姓借钱？至清末新政时期，时任两广总督岑春煊提出了应“息借民款”而不应强迫老百姓捐纳、报效，倡议以此方式发债300万两以“办理地方生利要政”。但由于种种原因，这一倡议与主张在当时却未能成行。但这位清末重臣或许意想不到，他的这一主张和举动“从此打破了在中国历代皇朝中央集

〔1〕 参见徐瑞娥：《国外地方政府债务管理概况》，载《地方财政研究》2009年第4期。

〔2〕 “债台高筑”的成语典故出自《汉书·诸侯王表序》：“自幽、平之后，日以陵夷，至虖厄岖河洛之间，分为二周，有逃责之台，被窃铁之言。”颜师古注：“周赧王负责，无以归之，主迫责急，乃逃于此台，后人因以名之。”这是讲，在战国后期周赧王听信楚孝烈王，以天子名义召集六国出兵伐秦，命西周公拼凑六千士兵，因缺乏军费只好向富商地主借钱，但谁料六国根本不听其差遣，借款很快被花光，债主纷纷上门讨债，周赧王只好隐藏在宫中一座高台上。

权的制度下地方政府不能自主发债的情况”。[1]

中国历史上真正将地方债付诸实践的第一人，是当时尚任清政府直隶总督的袁世凯。1905年，袁世凯举借直隶公债，预期举债480万两白银，但事实上根本没有借到这么多，最后其实是通过向各县摊派强借和向日本借款的方式才筹足了这一数额。尽管袁世凯的首发地方债在他自己的大肆宣扬下引起众多的赞颂和效仿，但其发行地方公债中的致命缺陷却被梁启超一语道破。后者称袁世凯所发行的直隶公债为“袁世凯式公债”，因为按照世界上发行公债的惯例，对内发行的公债须以政府信用作担保而不必另设担保财源，袁所发行的直隶公债的监督制约形同虚设。虽然袁世凯的直隶公债遭到了梁启超的揶揄和嘲讽，但这毕竟也算是我国历史上迈出的地方政府向老百姓举债的第一步，开启了中国地方政府对内举借债务的先河。[2]自此之后，地方政府举债竟成一时之风尚，各地对此趋之若鹜，甚至渐成泛滥之势。

至民国时期，举债已经成为地方政府弥补财政收入不足的重要手段，但由于当时地方政府债务信用不佳，举债的地方政府不得不为其所负债务提供担保，这成为当时我国地方政府负债的一种惯例。如1911年浙江省军政府发行的500万元的“爱国公债”，由浙江省军政府负偿还责任，以浙江盐课厘金作为担保；又如1921年江苏省政府发行200万元公债，以全省税厘比额新增款额为该项债务的还本付息提供担保。在民国初年，浙江省是举借债务较为频繁的省份，由于历年的亏欠和财政周转的困难，浙江省不得不多次通过定期借款来弥补财政的亏空，致使债务越积越多，至1926年已达上千万元。造成这一问题的关键，在于当时的浙江省政府以临时性借款这种方式应付经常性支出，违背了世界上公债筹集资金主要用于基础建设或战争支出的惯例。

晚清以来我国地方政府发行的地方债也并非一无是处，例如，上海发行的地方公债就有不少值得圈点之处。与浙江省依靠借款应对经常性支出导致债务不断膨胀的做法不同，上海发行的地方公债主要用于市政建设，发行额度相对适当，所设立的担保真实，债务信用良好，而且在公债用途监督方面比较到位。这些原因导致上海发行的公债认购十分活跃，以至于本来预计发行350万

---

〔1〕 刘永刚：《地方债自行合法化？》，载《中国经济周刊》2011年第42期。

〔2〕 参见梁发芾：《曾经的地方债》，载http://liangff.blog.sohu.com/300468811.html，2017年3月21日访问。

元的额度在发行第一天的2小时之内认购数额就达到了2000多万元，最终认购的数额竟然超出了定额的6倍之多，是历来地方公债发行中极其罕见的现象，创下了中国证券界的纪录。上海公债之所以如此成功的另一个重要原因，在于外商发行和挂牌上市。这一点虽让国人尴尬，但必须承认西方从事公债业务已达数百年历史，所积累下来的丰富经验毕竟是初涉公债市场的华商无法比拟的。

自1905年袁世凯举借直隶公债以来，我国相对正式的地方政府负债至今已有百余年。尽管有些地方以借债来维持经常性支出，使地方债务成为无源之水并终致债务失控危害地方，但我国近代地方公债的积极作用也不应被全盘抹杀，地方公债也给地方的基本经济建设提供了资金来源，在一定程度上也造福了地方百姓。

中华人民共和国成立初期，曾短暂地出现过地方政府债券，第一次地方公债的发行是从东北开始的。当时经历长期战争后的东北地区建设资金极为匮乏，而东北本地区的财政收入又不足以为大规模经济建设提供所需财力。为筹措建设资金，东北人民政府在中央政府的批准下于1950年发行了东北生产建设折实公债，东北人民对该公债的认购十分积极。东北地方公债的顺利发行在较短的时期内就为东北经济建设筹集了大量资金，在一定程度上弥补了当时因实行中央“高度集中、统收统支”造成的地方财政匮乏的局限，为东北经济的恢复与振兴赢得了时间和民心。

另一次地方政府债券的发行出现在“大跃进”期间。“大跃进”运动扰乱了原有的经济秩序，也对财政体制的正常运行造成了影响。在此期间国家对财政体制进行了改进，改进后的财政体制虽然确定了对地方财政收入少、财政支出多的地方进行调剂的方针，但在财权下放的情况下，中央能够用以调剂的财力毕竟极为有限，难以满足“大跃进”背景下地方对建设资金的强烈需求，这就为地方建设资金留下了巨大缺口。对于一些省份而言，发行地方政府债券就成为一个现实的要求。1958年，《中华人民共和国地方经济建设公债条例》颁布，根据该条例，省、自治区、直辖市认为确有必要的时候，可以发行地方经济建设公债，该条例同时还明确规定了从1959年起中央将不再发行国债。在“大跃进”的背景下，当时地方经济建设公债的发行很快显现出弊端，例如出现了发行规模过大、期限过长、强行摊派、利用效率低下等问题，而且那些按照条例规定本没有发行地方经济建设公债权力的地区和县也发行了类似地方公债的债券，造成了地方经济建设公债的混乱。之后，伴随着20世纪60年代初期经济困难时期的到来，这一轮地方经济建设公债的发行热潮终于在国家经济调整和相应政策的转变下得到抑制。此后的相当长一段时期内，国家停止了各种经济建设债券的发行工作。[1]

改革开放以后，地方政府债券又一次回到了历史舞台。在20世纪80年代末90年代初，为了筹集修路建桥等所需的资金，多个地方政府都曾经发行过地方债券。但这一时期的地方政府债券仍然存在许多问题，例如，1979年就有8个区县级政府通过发行地方政府债券的方式进行融资，有的地方政府发行的债券竟然是无息的，以支援国家建设的名义强行摊派给各单位，更有甚者直接用以冲抵部分工资。[2]至20世纪90年代初，地方债券引发的问题日益突出，与此同时中央政府对于地方政府承付的兑现能力有所怀疑，于是1993年国务院明确“叫停”了一切地方政府债券发行行为。随后1994年《预算法》出台，该法第28条规定“地方各级预算按照量入为出、收支平衡的原则编制，不列赤字。除法律和国务院另有规定外，地方政府不得发行地方政府债券”。1994年的《预算法》从法律上关闭了我国地方政府负债的渠道，至此，曾经喧嚣一时的地方政府债券在我国暂时归于沉寂。

第二节　地方政府负债：原因几何？

如前所述，地方政府负债并不是中国独有的特殊现象，也不是当代才发生的政府行为。然而地方政府为什么要负债？可以肯定的是，地方政府负债行为必然有其存在的合理性，多个理论视角都能解释这一现象。但是除了一般的合理性解释以外，我国的地方政府性债务还有其特殊的负债成因。

---

〔1〕 参见姜长青：《我国三次发行地方债券的历史考察——以财政体制变迁为视角》，载《金融理论与实践》2010年第4期。

〔2〕 参见王帅：《地方债的前世今生》，载《理财》2013年第9期。

一、地方政府负债的合理性与政治逻辑

公共经济学理论认为，社会产品分为公共产品和私人产品。亚当·斯密（Adam Smith，1723—1790）在其著作《国民财富的性质和原因的研究》中就明确提出了公共产品的性质及其提供问题，认为公共产品“……就其性质而言，设由个人或少数人办理，那所得利润决不能偿其所费。所以这种事业，不能期望个人或少数人出来创办或维持”。[1]公共产品的特性决定了由私人部门提供容易产生市场失灵的现象。因此一般而言，公共产品主要由政府组织提供，满足公众的公共产品需求是各级政府的主要任务，政府提供公共产品的过程就是对公民需求做出回应的过程。[2]提供公共物品以弥补市场缺陷，是一般市场经济国家的政府所具有的经济职能。同时，政府也具备提供公共产品的天然使命与特殊优势，理应成为公共产品供给的主要责任主体。[3]在市场失灵的基础上，西方经济学家又建立了一套系统的政府干预理论，从理论上论证了政府介入和影响经济生活的逻辑正当性，证明了市场经济运行中政府行为的合理性与必要性。作为使地方受益的地方性公共产品的供给主体，地方政府具有不可推卸的为所在地方提供公共产品的事权责任。

根据李嘉图的等价原理，公共产品的提供途径有征税和借债两种途径，二者在本质上并无区别。但政府的借债最终仍需以征税收入来偿还，因此借债只相当于实现了税收负担的代际转移。然而随着凯恩斯主义的盛行，政府赤字政策带来的经济效果是十分明显的，人们发现征税和借债在提供公共产品方面存在着各自不同的合理性。政府提供公共产品所形成的开支可分为经常性支出和资本性支出，前者的支出主要是维持公共部门的正常运转或保障人们的基本生活需求，这种支出会使社会直接受益或当期收益，直接构成了当期公共产品的成本。[4]政府通过经常性支出所提供的公共产品可称为消费性的公

---

〔1〕［英］亚当·斯密：《国民财富的性质和原因的研究》（下卷），商务印书馆1974年版，第284页。

〔2〕参见贾智莲、卢洪友：《财政分权与教育及民生类公共品供给的有效性——基于中国省级面板数据的实证分析》，载《数量经济技术经济研究》2010年第6期。

〔3〕参见李敬涛、陈志斌：《公共品短缺、政府问责与政府负债信息披露》，载《中南财经政法大学学报》2015年第2期。

〔4〕参见陈骁：《经济法视角下的地方政府融资问题研究》，法律出版社2015年版，第17页。

共产品，由于这种公共产品提供的是现时的公共服务，纳税人的公共需求可以很快得到满足，因此此类公共产品应该通过征税来提供。而除了消费性的公共产品以外，还有一些公共产品的提供并不能使社会直接受益或者当期受益，其收益期可能会发生在资本性支出结束后的若干年，此类公共产品属于资本性的公共产品，也可称为代际公共产品。这类公共产品的提供需要一个过程，所提供的公共产品也能够较长时间地服务于社会公众。按照受益与负担对等的原则，使后代受益的公共产品理应也令后代有所负担，否则就会发生“前人栽树，后人乘凉”的代际不公现象。由于政府无法对受益的后代提前征税，而通过借债的方式却正好可以提前筹集资金，将来再将政府提前承受的负担分散给纳税人。所以，资本性公共产品的提供可以通过政府举债融资的方式来筹集所需资金。[1]

提供公共产品等事权责任的承担使地方政府具有了融资的需求，但政府融资不能采取股权方式，因此现实中债务融资就成为地方政府融资的唯一选择。[2]与所有的政府行为一样，地方政府负债并不是单纯的财政问题，更重要的是政治问题。地方政府负债在本质上属于提前使用未来收入，政府负债政治的核心问题是临时债务与成本的转嫁，即社会以负债的方式提前享受公共产品，使部分社会群体在未来偿还债务时得以主动或被动地躲避税收，从而将其全部或部分应承担的负担转嫁给其他个体，导致公共产品成本承担主体与受益主体脱钩。在自利的假设下，凡预计到可能在未来时刻转嫁公共产品成本的群体都会理性地选择多发债务，而如果一个政治体系在宪法设计上允许政策的主导者为这些群体左右，那么其财政倾向自然就是过度负债。在民主政治下，政府的债务由选民的偏好来决定，而微观客体的偏好经由各种机制整合为政府决策。但如果缺乏民主政治的制约，政府往往就会利用政治垄断权力来谋取自身利益的最大化，表现在财政上就是追求财政剩余的最大化，而负债就是一个既能够实现现期收入最大化又不直接伤害税基的好办法。对于现实政治而言，无论是否有民主的制约，都不能保证政府按照公共财政理论所设

〔1〕 参见马进、殷强:《地方发债与地方政府隐性债务问题研究》，载《广西社会科学》2010年第5期。

〔2〕 参见宋立:《地方公共机构债券融资制度的国际比较及启示——以美国市政债券与日本地方债券为例》，载《经济社会体制比较》2005年第3期。

想的那样将负债率维持在最优水平。因此更有效的方案是将政府债务问题从反复的政治博弈中解救出来，从宪法的高度为政府负债设立明确的制约和规范。〔1〕

二、我国地方政府负债原因的多维解析

随着我国地方政府性债务问题的不断凸显，理论研究者和实务工作者纷纷尝试从不同角度探讨我国地方政府负债的原因。归结起来，形成了以下代表性观点：(1)中央与地方财权与事权划分导致地方收入减少、支出加重；(2)政府职能转变不到位造成的行政机构繁杂、人浮于事；(3)地方政府的行政层级过多致使地改市后财源匮乏；(4)财政金融体制不健全，地方政府缺乏必要的融资渠道，以至于不得不通过各种非正规渠道变相举债和违规融资；(5)地方政府资产负债信息披露机制不完善，缺乏地方政府信用评估的信息基础；(6)行政管理体制缺乏约束，地方政府官员行为短期化，为获取政治资本大肆融资进行"形象工程""政绩工程"建设……〔2〕

我国地方政府性债务的形成和积累有着复杂的政治、经济和社会原因，有的是历史遗留问题的显性化，有的是由于政府行为不规范所致，也有的是债务管理体制因素所造成的，因而这一问题的形成是多重因素和矛盾综合作用的结果。〔3〕但从直接原因上来分析，我国地方政府之所以负债是源于地方政府有限的财政收入无法满足其事权支出的资金需求。造成这一矛盾的关键则在于我国1994年分税制改革所导致的中央对财权的逐级上收和对事权的不断下放。分税制的财政体制改革虽然初步划清了中央与地方政府的支出责任，但目前我国的财政分权体制依然存在不少问题，集中表现在财政分权并不是建立在科学、清晰和规范界定了各级政府事权的基础上；中央与地方各级政府之间关于财权与事权的配置仍不合理；中央政府占据着税收立法权的垄断地位，地方政府对地方税收的开征、税率调整以及税收减免等依然缺乏权力；中央对地方的转移支付制度还缺乏科学和规范化的标准；中央财政分权并没有覆盖

〔1〕 参见冯兴元、李晓佳：《地方政府负债问题与市政债券的规则》，载《学术界》2013年第10期。

〔2〕 参见李砚忠：《"原因"背后的原因——地方政府债务形成的"根源"探寻》，载《地方财政研究》2007年第5期。

〔3〕 曹信邦、裴育、欧阳华生：《经济发达地区基层地方政府债务问题实证分析》，载《财贸经济》2005 年第10 期。

到省级以下的地方政府;财政分权也未能与地方民主制度的完善相契合。[1]

分税制改革使中央政府成为政府财权和财力的主要掌控者,在国家财力的直接配给方面,地方政府仅占有不足一半的财政资源。1993年之前地方政府财政收入所占全国财政收入的比重和1993年之后的情况对比十分明显(详见表1-1)。中央在逐级上移财权的同时却不断地将事权下放给地方政府,需要地方政府来完成的工作并没有因为财税体制改革而有所减少。分税制改革以来,在一些重要的社会服务领域,如教育、医疗卫生、文化和科学等方面,地方政府的支出几乎占到了总支出的90%以上。[2]

表1-1 1993～2016年我国地方政府财政收入与支出占比情况

项目 年份	地方政府财政收入占全国财政收入比重(%)	地方政府财政支出占全国财政支出比重(%)	项目 年份	地方政府财政收入占全国财政收入比(%)	地方政府财政支出占全国财政支出比重(%)
1993	78.0	71.7	2005	47.1	74.1
1994	44.3	69.7	2006	47.2	75.3
1995	47.8	70.8	2007	45.9	77.0
1996	50.6	72.9	2008	46.7	78.7
1997	51.1	72.6	2009	47.6	80.0
1998	50.5	71.1	2010	48.9	82.2
1999	48.9	68.5	2011	50.6	84.9
2000	47.8	65.3	2012	52.1	85.1
2001	47.6	69.5	2013	53.4	85.4
2002	45.0	69.3	2014	54.1	85.1
2003	45.4	69.9	2015	54.5	85.5
2004	45.1	72.3	2016	54.6	85.4

资料来源:国家统计局、财政部。

此外,分税制改革在给予地方政府更多经济发展自主权的同时,也加剧了地方政府支出偏好的偏差程度。地方政府公共投资的意愿大大加强,在一定

〔1〕 参见冉富强:《我国地方政府性债务困境解决的法治机制》,载《当代法学》2014年第3期。

〔2〕 参见傅勇:《中国式分权与地方政府行为——探索转变发展模式的制度性框架》,复旦大学出版社2010年版,第101页。

程度上出现了体制性的“投资饥渴”现象。[1]与此同时，我国不断推动城镇化建设的时代背景，以及以地方GDP为重要参考指标的现行官员考核制度，使各地方政府热衷于地方竞争和城市运作，导致其财政压力和收支缺口越发增大。这些因素的共同作用造成了一个直接的后果：地方政府普遍“缺钱”。具体表现在两方面：一方面，庞大的事权支出令地方政府在实际公共物品的供给方面常常捉襟见肘；[2]另一方面，财政收入的局限与实际资金需求之间的巨大差距使得地方政府普遍患上了严重的“资金饥渴症”。

对于地方政府而言，在事权难以减少的前提下，因预算内收入不足所造成的财政开支压力，只能依靠预算外收入来解决。在20世纪90年代以前，这种预算外收入主要来自地方政府的各项收费，而2000年以后土地出让收入逐渐成为地方政府最主要的预算外收入来源。据统计，2010年全国地方政府的土地出让收入在地方本级收入中的比重高达72.38%。源于土地资源的不可再生性以及近年来国家对房地产市场的宏观调控，地方政府能够获得的土地出让收入开始呈现下降趋势，这使得对于土地出让收入严重依赖的地方政府出现了财政支出缺口扩大的现象。在财政收入无法满足事权需求，而土地出让收入也开始呈现下降趋势的情况下，如何突破财政的限制，解决地方发展所需的巨额资金成为地方各级政府共同面临的难题。1994年《预算法》第28条规定：“地方各级预算按照量入为出、收支平衡的原则编制，不列赤字。除法律和国务院另有规定外，地方政府不得发行地方政府债券。”“不列赤字”是旧《预算法》关于地方政府预算要求的基本原则。那么，如何绕开当时《预算法》对于地方政府负债的禁止性规定，通过各种手段尤其是隐蔽的变相形式进行财源建设遂成为地方政府突破发展瓶颈的不二选择，“举债”于是成了地方政府一致的行动策略。[3]

1994年《预算法》不允许地方政府负债，那么地方政府何以能够突破这一禁止性规定频频举债以致最终债台高筑？这与我国预算约束的软化有着直接关系。软预算约束（Soft Budge Constraints）的概念最初是由匈牙利经济学家

---

〔1〕 参见吕炜、王伟同：《发展失衡、公共服务与政府责任——基于政府偏好和政府效率视角的分析》，载《中国社会科学》2008年第4期。

〔2〕 参见谭波：《破解我国地方债务问题的法治思考》，载《中州学刊》2015年第8期。

〔3〕 参见杨十二、李尚蒲：《地方政府债务的决定——一个制度解释框架》，载《经济体制改革》2013年第2期。

亚诺什·科尔奈(János Kornai, 1928—)提出来的,[1]用来解释社会主义计划经济体制下政府对面临亏损的国有企业采取各种财政手段不断进行救助的现象。这一概念最初并没有被用来解释地方政府过度负债问题,直到20世纪90年代地方债务危机的爆发使各国经济遭到严重威胁,经济学家们才开始将地方政府的过度负债与软预算约束联系起来。[2]研究者们发现,在计划经济体制下,各级地方政府通常会表现出强烈的软预算约束行为,即下级地方政府有着突破已有预算限制,实现规模与权力扩张的冲动,而且可以通过游说上级政府获得预算外资源。同时,在软预算约束下,地方政府更容易产生道德风险(Moral Hazard)问题,即软预算约束会对地方政府过度借款和财政支出产生激励效应,使地方政府较少关注于投资项目的质量。[3]具体到我国,软预算约束主要表现为地方政府在财政收支的实际执行过程中,未按各级人大批准的预算执行,而且地方政府这种不遵守各级人大批准的预算约束的行为不会被追究责任。[4]在解释我国地方政府性债务缘何居高不下的问题上,软预算约束是一个不容回避的因素。

随着我国经济体制改革的深入,中央政府不断硬化财政预算,这种对于财政约束的自上而下的强化压缩了各级地方政府实施传统软预算约束行为的空间。但软预算约束现象并没有就此消失,而是改变了模式,从以往自下而上地向上级部门索取资源,变成了自上而下地向下级部门索取资源,这种现象与传统软预算约束模式描述的情形类似,只是发生作用的方向发生了逆转,被称为"逆向软预算约束"现象。这一现象可以理解为传统软预算约束在转型经济中发生了变异。[5]逆向软预算理论可以帮助理解地方政府为什么主动累积各种负

---

〔1〕 科尔奈在其1984年出版的著作《短缺经济学》(The Economics of Shortage)中就对社会主义经济下国有企业预算约束软化的现象进行了描述与解释。在接下来的若干年间,科尔奈又陆续发表了《软预算约束》(The Soft Budge Constraints, 1986)、《医院部门软预算约束的典型表现》(The Soft Budget Constraint Syndrome in the Hospital Sector, 2009)等数篇论文对这种软预算约束现象进行了更为细致和深入的研究。

〔2〕 参见廖家勤、石琳:《软预算约束下中国地方政府过度负债的形成机制分析》,载《首都经济贸易大学学报》2015年第4期。

〔3〕 See David E. Wildasin, "The Institutions of Federalism: Toward an Analytical Framework", *National Tax Journal*, 57(2), 2004: pp.247-272.

〔4〕 参见廖家勤、石琳:《软预算约束下中国地方政府过度负债的形成机制分析》,载《首都经济贸易大学学报》2015年第4期。

〔5〕 参见周雪光:《"逆向软预算约束":一个政府行为的组织分析》,载《中国社会科学》2005年第2期。

债进而累积财政风险的现象。[1]

伴随着我国城镇化建设的不断推进，地方政府有限的财政收入实在难以满足城镇化建设和城市运营所需的巨额资金，于是，通过各种变相的方法或公开或隐蔽，或直接或间接地大量举借债务成为各地方政府解决财源问题的普遍做法。[2]而地方政府融资平台公司（下称融资平台）则成为地方政府负债的替代性载体，是地方政府对于财政汲取能力不足的一种"灵活应对"。[3]以担保负债为例，地方政府通过变相地为所辖单位或部门或政府自己成立的投资公司（即融资平台）的借债提供担保，由此形成的债务构成了地方政府的或有负债。由于担保负债具有极强的隐蔽性，且有效规避了1994年《预算法》关于地方政府不得举债的规定，因此成为地方各级政府普遍采用的举债方式。担保负债正是逆向软预算约束现象的一种具体表现：地方政府为了突破现有的预算限制通过权力向下索取资源来完成政府政策。软预算约束和逆向软预算约束刺激了地方政府的道德风险，诱使地方政府产生强烈的负债冲动并大规模举借债务，最终致使地方政府性债务不断膨胀。

第三节 我国当前的地方政府性债务危局

尽管一种较为普遍的观点认为，国家为应对2008年全球金融危机而实施的4万亿元投资刺激方案是导致地方政府性债务急剧膨胀的导火索，但实际上我国的地方政府性债务危局早在20世纪末、21世纪初便已经现出端倪。

一、地方政府性债务危局初现

自20世纪80年代以来，我国便开始了中央与地方"分灶吃饭"的财政体制安排。这种做法虽然将地方政府放到了自主财政的位置，但由于该体制下财权与事权的割裂也在事实上造成了政府责任的地方化，尤其从1994年分税制

〔1〕参见马骏、刘亚平：《中国地方政府财政风险研究："逆向软预算约束"理论的视角》，载《学术研究》2005年第11期。

〔2〕参见莫兰琼、陶凌云：《我国地方政府债务问题分析》，载《上海经济研究》2012年第8期。

〔3〕参见杨松、张永亮：《地方政府融资平台的发展方向》，载《法学》2012年第10期。

改革以后就出现了“财力逐级上收”而“事权(包括支出责任)逐级下放”的状况。在大部分税收被收归于中央政府之后，地方政府在医疗、教育、养老以及基础设施建设等方面的支出却有增无减，导致地方政府财政缺口巨大。[1]在此情况下，为了完成经济发展的政治责任(也可以认为是一种政治激励)，地方政府及其官员往往会将举债融资作为弥补财力不足的最后但也是最为重要的手段。[2]

分税制导致地方财力不足的确是不争的事实，中央和地方政府财政自给能力的变化最能说明这一问题。财政自给能力是某级政府在不依赖上级政府提供援助的情况下独立筹措财政收入的能力。如一级政府的自有收入足以满足其公共支出的需要，则说明该级政府拥有财政自给能力，反之则认为其财政自给能力不足。[3]各级政府负责征收的收入与其本级的支出比例为财政自给能力系数。[4]国内学者研究发现，在1978年至1993年，我国地方财政自给能力系数虽然波动下降，但始终保持在0.94以上，与中央政府的财政自给能力系数比例大约维持在0.77∶1.06，地方财政能够保证自给或基本自给。然而分税制改革后，中央与地方的财政自给能力发生了重大变化，除了分税制改革之初的1995年至2000年以及2005年至2007年的地方财政自给能力能够达到0.6以上外，其余年份均低于0.6。在1994年至2002年间，中央与地方的财政自给能力系数比例变成了1.51∶0.61。分税制改革以后，地方政府40%以上的财政支出需要中央财政补充，中央与地方的财政格局发生了根本性的转变。[5]

再加上自1998年以来，为了应对当时国内的通货紧缩，中央政府开始采取积极的财政政策，但仍然不允许地方政府发行地方公债，于是地方政府就采取各种变通的方法筹集资金，准地方公债就是其中一种重要形式。准地方公

[1] 参见王永钦、戴芸、包特:《财政分权下的地方政府债券设计：不同发行方式与最优信息准确度》，载《经济研究》2015年第11期。

[2] 参见黄韬:《央地关系视角下我国地方债务的法治变革》，载《法学》2015年第4期。

[3] 参见陈颂东:《中国的分税制与地方财政自给能力》，载《华中科技大学学报》(社会科学版)2009年第3期。

[4] 参见王雍君:《地方政府财政自给能力的比较分析》，载《中央财经大学学报》2000年第5期。

[5] 吴旭东、王秀文:《地方政府财政自给能力的实证分析》，载《财经问题研究》2013年第12期。

债是指由与地方政府关系密切的企业所发行的债券，发行债券所筹集的资金主要用于城市或地方基础设施建设。这是在我国禁止发行地方公债的制度框架下衍生的一种地方政府变相举债模式，其本身的违法性与不可公开性决定了这种准地方公债只是特殊时期的地方政府的一种过渡性做法。但在多个地方，这种准地方公债却得到了广泛应用。例如，1999年2月，上海市城市建设投资开发总公司发行了5 亿元的浦东建设债券，筹集资金用于上海地铁二号线一期工程；1999 年4月，济南市自来水公司发行了1.5 亿元供水建设债券，为城市供水调蓄水库工程投资；1999 年7 月，长沙市环线建设开发有限公司发行了1.8 亿元债券，筹资目的是长沙市二环线工程的建设；1999 年11 月，上海久事公司和上海市城市建设投资开发总公司分别发行了6 亿元和8 亿元企业债券，筹集资金全部用于上海市市政基础设施建设。[1]

伴随着地方机构改革以及各地对地方政府债务的清理，地方各级政府的巨额债务逐渐浮出水面，负债已经成为地方政府的普遍现象，从村、乡、镇、县到市、省，各级地方政府概莫能外。（1）基层地方政府负债累累。在村级负债情况中，据湖北省农经管理局统计，2001年年底全省的村级债务总额达192.5万亿元，90%以上的村都有负债。调查发现在内蒙古西部盟市负债在30万～50万元的村十分普遍。而在村级负债情况最高的宁夏青铜峡市，村均负债高达49万元。关于乡级负债情况，农业部曾于2001年做过一次统计，认为乡级债务当时已达1776万亿元，平均每个乡镇负债400万元。但调查结果发现农业部的这一统计数据还比较保守。以安徽省为例，据安徽省人大财政经济委员会统计，截至2003年年底安徽省乡级政府负债约132亿元，乡均负债753万元。而在重庆万州区的调查统计显示，2002年该区的乡镇债务已经高达8.86亿元，平均每个乡镇的债务约为900万元。（2）县、市两级的债务难题。2002年，国家审计署曾对中西部地区的10个省、市的49个县（市）级财政收支情况进行过一次审计调查，发现截至2001年年底，被审计的县（市）中有37个存在瞒报财政赤字的情况，瞒报的数额高达10.6亿元。49个县（市）的累计债务已达163亿元，这相当于其当年可用财力的2.1倍。市级财政的情况也摇摇欲坠，仅以安徽省阜阳市为例，据统计在1995~1999年该市的财政债务总计达

〔1〕 参见姜长青:《我国三次发行地方债券的历史考察——以财政体制变迁为视角》，载《金融理论与实践》2010年第4期。

到了11.1亿元，而到2002年时尚有7.8亿元的债务未得到偿还。(3)省级政府债务高企。以四川省为例，截至2003年年底，全省由省级政府承诺偿还或直接作为债务主体借入的债务总额达394.36亿元。而在东部沿江某经济发达省份，截至2001年年底，该省各级地方政府的逾期债务已达280亿元，债务逾期率高达29%。[1]

除此之外，国务院发展研究中心地方债务课题组也对这一时期的地方政府性债务做过一个粗略的统计，认为2004年我国地方政府债务至少在1万亿以上，其中地方基层(乡镇政府)的负债总额在2200亿元左右，乡镇平均负债约为400万元。因此，我国巨额地方政府性债务实际上早从20世纪90年代末就开始不断累积。按照当时《预算法》的规定，地方政府性举债行为并不合法。但现实中地方政府举债几乎成为普遍现象，沉重的债务压力一方面导致地方政权运转困难，另一方面也使得地方政府在本应为本地区提供的各种公共产品和服务方面大打折扣。巨额的债务甚至成为影响社会稳定的重要因素，缘由在于各级政府尤其是基层地方政府纷纷将其所承担的债务层层转嫁，最终转嫁给乡镇辖区的民众承担，这增加了民众的对立情绪，从而引发民众不断上访、告状。

二、国家审计下的地方政府性债务

自20世纪90年代起便开始累积的地方政府性债务终于在2009年后开始急剧膨胀并引起了国家的关注。2010年，国家审计署首次披露了地方政府性债务问题。披露情况显示，通过审计调查的18个省、16个市和36个县本级政府截至2009年年底的政府性债务余额高达2.79万亿元，其中1.75万亿元为2009年以前形成的债务余额，而2009年当年新增债务1.04万亿元。从债务余额和当年可用财力的比率来看，省、市本级和西部地区债务风险较为集中，其中7个省、10个市和14个县本级负债率超过100%，最高的接近365%。从偿债资金来源看，2009年这些地区通过举借新债偿还债务本息2745.46亿元，占其全部还本付息额的47.97%，这说明这些举债的地方政府的财政资金偿债能力明显不足。[2]

---

〔1〕 参见梁朋、张冉燃:《地方债务危局》，载《瞭望新闻周刊》2004年第38期。

〔2〕 参见叶锋、周琳:《如何看待地方政府高负债》，载《人民日报》2010年6月28日，第10版。

在局部审计调查的基础上，审计署2011年3～5月组织开展了一场针对全国地方政府性债务情况的全面审计。此次审计涵盖了31个省（自治区、直辖市）和5个计划单列市本级及所属市（地、州、盟、区）、县（市、区、旗）三级地方政府，审计的重点是政府负有偿还责任的债务，〔1〕但同时也审计了当债务人出现债务偿还困难时政府需履行担保责任的或有债务以及可能承担一定救助责任的其他相关债务。审计结果显示，截至2010年年底，全国地方政府性债务余额为107，174.91亿元，其中政府负有偿还责任的债务为67，109.51亿元，占债务余额总额的62.62%；政府负有担保责任的或有债务为23，369.74亿元，占21.80%；政府可能承担一定救助责任的其他相关债务为16，695.66亿元，占15.58%。此次审计还发现，早在1979年便有8个区县在当年举借了政府负有偿还责任的债务，至1996年年底全国所有的省级政府、90%左右的市级政府和86%左右的县级政府都举借了债务。至2010年年底时，全国只有54个县级政府没有举借政府性债务。截至2010年年底，省、市、县三级地方政府负有偿还责任的债务率为52.25%，如加上地方政府负有担保责任的或有债务，则债务率达到70.45%。审计还发现，2010年年底有78个市级和99个县级政府负有偿还责任的债务率高达100%，而且部分地方政府由于偿债能力不足只能通过举借新债偿还旧债，还有部分地区出现了逾期债务。〔2〕

为了进一步摸清地方政府性债务情况，2012年11月至2013年2月，审计署

〔1〕 对于政府债务统计，国际上普遍采用的是财政风险矩阵法。这种方法将政府债务根据不同标准划分为两种类型，一类是“显性债务”和“隐性债务”，另一类是“直接债务”和“或有债务”。显性债务是指由特定法律或合同所确认的政府债务，在合同到期时政府必须履行合同；隐性债务是指因债务产生的原因暂不明了或出于某些特殊考虑而被“视而不见”，被处理成非直接、非公开形式的债务。显性债务和隐性债务又可进一步分为直接债务和或有债务。对于负债人而言，直接债务就是任何情况下都要发生且不可推卸的债务；而或有债务则是可能发生也可能不发生、可能多发生也可能少发生的债务，通常表现为由某一或某些事件、因素所触发而形成的支付要求。或有债务中的相当大部分都属于隐性债务。参见Hana Polackova Brixi，“Contingent Government Liabilities：A Hidden Risk for Fiscal Stability”，http：//ideas.repec.org/e/pbr77.html，转引自范柏乃、张建筑：《地方政府债务与治理对策研究》，载《浙江大学学报》（人文社会科学版）2008年第2期。国家审计署2011年针对全国地方政府性债务的审计，按照法律责任主体将地方政府性债务划分为三类：第一类为政府负有偿还责任的债务，即由政府或政府部门等单位举借，以财政资金偿还的债务；第二类是政府负有担保责任的或有债务，即由非财政资金偿还，地方政府提供直接或间接担保形成的或有债务，当债务人出现偿债困难时，地方政府要承担连带责任；第三类是其他相关债务，即由相关企事业等单位自行举借用于公益性项目，以单位或项目自身收入偿还的债务，地方政府既未提供担保也不负有任何法律偿还责任，但当债务人出现偿债困难时，政府可能需给予一定救助。

〔2〕 以上内容和数据参见《中华人民共和国审计署审计结果公告》（2011年第35号总第104号）。

对15个省、3个直辖市本级及其所属的15个省会城市本级、3个市辖区，共计36个地方政府本级2011年以来的政府性债务情况进行了审计。审计结果表明，截至2012年年底，36个地方政府本级政府性债务余额为38，475.81亿元（包括政府负有偿还责任的债务、负有担保责任的债务以及其他相关债务），其中2011年以后举借的债务占46.07%。审计还发现部分地区和行业债务负担较重，2012年36个地方政府本级中有11个省本级和13个省会城市本级的债务规模比2010年有所增长，其中4个省本级和8个省会城市本级债务增长率超过了20%。一些省会城市本级的债务率和偿债率指标偏高，2010年有9个省会城市本级政府负有偿还责任的债务率高于100%，最高的达188.95%。如加上政府负有担保责任的债务则债务率最高的可达219.57%。另外，一些省会城市本级由于偿债能力不足，只能通过举借新债偿还旧债，2012年有5个省会城市本级政府负有偿还责任债务的借新还旧率（举借新债偿还的债务本金占偿还债务本金总额的比重）超过20%，最高的达38.01%。另外还发现部分地方政府出现了债务逾期情况，有2个省会城市本级逾期债务率超过10%，最高的为16.36%。[1]

2013年8月1日，国家审计署再次发起了一场针对全国政府性债务的“审计风暴”。此次审计覆盖了中央、31个省（自治区、直辖市）和5个计划单列市、391个市（地、州、盟、区）、2778个县（市、区、旗）、33，091个乡（镇、苏木）的五级政府。审计内容包括政府负有偿还责任的债务，债务人出现偿债困难时政府需履行担保责任的债务，以及债务人出现债务偿还困难时政府可能承担一定救助责任的债务。根据审计署2013年12月30日发布的《全国政府性债务审计结果》（2013年第32号），截至2013年6月底，全国各级政府负有偿还责任的债务总额为206，988.65亿元，其中地方各级政府负偿还责任的债务为108，859.17亿元；全国各级政府负有担保责任的债务为29，256.49亿元，其中属于地方政府的为26，655.77亿元；全国各级政府可能承担一定救助责任的债务为66，504.56亿元，属于地方政府的为43，393.72亿元。也就是说，截至2013年6月底，地方各级政府的债务构成情况为10.8万亿左右负有偿还责任的债务，以及约7万亿的或有债务。此次审计发现，地方政府负有偿还责任的债务增长较快，而且部分地方和行业的债务负担较重。截至2012年年底，有3个

〔1〕 以上内容和数据参见《中华人民共和国审计署审计结果公告》（2013年第24号总第166号）。

省级、99个市级、195个县级、3465个乡镇政府负有偿还责任债务的债务率高于100%。另外还有2个省级、31个市级、29个县级、148个乡镇政府负有偿还责任债务的借新还旧率超过了20%。

2010年以来，审计署开展了两次全国范围的地方政府性债务审计，其他年度也坚持每年结合地方财政收支审计开展一定范围的地方政府性债务审计。2015年的审计工作报告显示，地方政府债务仍然是该年度审计工作的重点专项内容之一，此次重点审计了11个省本级、10个市本级和21个县。至2015年年底，11个省本级政府债务余额为8202亿元，或有债务余额达到10，970亿元。〔1〕

表1-2　2007～2013年我国地方政府性债务规模情况〔2〕

单位：亿元

年份	2007	2008	2009	2010	2011	2012	2013
债务规模	45762.52	57111.09	79636.29	107174.91	133512.13	158858.32	178908.66

资料来源：审计署、国家发展改革委投资研究所课题组。

三、我国地方政府性债务危局

国内有研究数据表明，在1997年至2013年，地方政府性债务规模增速超过了23%。〔3〕地方政府性债务的急剧增长引起了国家层面的重视，审计署针对政府性债务开展的审计工作在一定程度上有助于摸清地方政府债务的具体情况。然而由于地方政府举债行为的隐蔽性，大量隐性的地方债根本无法通过审计体现出来，审计摸清的只能是一个底数。事实上，关于我国的地方债务规模似乎一直扑朔迷离，各方的口径出入相对较大。例如，花旗银行根据审计署两次普查的结果推算2012年我国地方政府总债务约为12.1万亿元。2013年全国两会上，审计署官员则认为当前地方政府性债务应在15万亿～18万亿元。

〔1〕 参见审计署：《国务院关于2015年度中央预算执行和其他财政收支的审计工作报告》。

〔2〕 表中数据来自国家发展改革委投资研究所课题组（2013），以及国家审计署2011年、2012年和2013年的相关审计数据；其中2011年的地方政府债务余额为估算数，2013年的数据截至当年6月底。表中所列地方政府性债务包括了地方政府负有偿还责任的债务、政府承担担保责任的债务以及可能承担一定救助责任的债务。

〔3〕 参见四川银监局课题组：《地方政府债务现状、成因、风险监管及规范》，载《西南金融》2015年第7期。

原财政部官员则估算地方政府债务可能超过20万亿元。2014年8月，全国人大财经委官员在接受记者采访时则表示审计署的两次审计只是摸清了地方债的“底数”而不是“实数”，目前地方债的实际规模很可能超过了30万亿元，[1]国外有专家甚至认为这个数字可能超过40万亿元。[2]

当然，仅凭债务规模不足以判断地方债风险，毕竟，地方政府的偿债能力才是衡量地方债风险的关键因素。根据《国务院关于规范地方政府债务管理工作情况的报告》(下称《地方债报告》)初步测算，2014年年末我国地方政府性债务的债务率为86%，这一水平尚低于国际货币基金组织（IMF）所确定的90%～150%债务率控制标准参考值范围，据此可以判断我国地方政府性债务风险在总体上是可控的。然而《地方债报告》也显示，在2014年年末地方政府性债务余额中，90%以上是通过非政府债券的方式举借的，虽然这些“地方政府性债务70%以上是投资性的，是有收益的”，[3]但平均10%（有些项目甚至高达20%）的融资成本，加上已经进入还本付息期的大量债务使地方政府的偿债负担并不轻松。据全国人大委员会预算工委的调研，估算各级地方每年仅利息支付就达近万亿元，有的地方已无力偿还债务利息，连续几年出现债务逾期的情况。[4]随着我国经济新常态的到来，经济下行压力增大，财政增速缓慢，尤其是土地出让所得收入持续下滑，这将在很大程度上降低地方政府的偿债能力。在一些债务规模比较大的地区，依靠本级财政能力按期履行偿还责任存在难度，当地方债风险聚集和累积到一定程度时，可能就会爆发区域性财政风险并继而引发系统性金融风险甚至诱发经济和社会政治风险。[5]

当然，地方政府性债务毕竟不等同于地方政府债务，并不意味着地方政府需要承担全部的债务偿还责任。因为从地方政府性债务的内涵来看，其法律上的负债主体不仅包括地方政府及其所属机构，还包括经费补助事业单位、融

---

〔1〕 参见刘永刚:《地方债规模或超30万亿》，载《中国经济周刊》2014年8月18日。

〔2〕 参见常红、刘茸、李叶:《地方债审计风暴今日全面展开 或成反腐败先行棋》，载http://www.js.xinhuanet.com/2013-08/01/c_116764095.htm，2016年3月22日访问。

〔3〕 2015年“两会”期间国务院总理李克强对有关债务风险问题的回答。参见吴黎华、赵婧:《李克强总理记者会透露五大政策信号》，载http://news.china.com.cn/2015lianghui/2015-03/16/content_35061704.htm，2015年12月25日访问。

〔4〕 参见沙璐:《财政部汇报地方债情况：部分地方连利息也无力偿还》，载http://news.youth.cn/gn/201512/t20151223_7450188.htm，2015年12月25日访问。

〔5〕 参见尹中卿:《地方债问题有多大风险：一些地方政府实际已破产》，载http://business.sohu.com/20141031/n405634951.shtml，2015年12月28日访问。

资平台公司等。地方政府性债务从构成上其实包括两部分，即地方政府负有偿还责任的债务和地方政府的或有债务（由地方政府负有担保责任的债务和地方政府可能承担一定救助责任的债务所构成）。其中，地方政府负有偿还责任的债务才是严格意义上的地方政府债务，是由地方政府以自己名义发债、拖欠、回购所形成的债务。根据2013年的审计结果，截至2013年6月底，地方政府负有偿还责任的债务为108，859.17亿元，在地方政府性债务中的比例约为60.85%，其余的属于地方政府或有债务。地方政府债务是地方政府负有偿还责任的债务，是无条件的；而地方政府或有债务是有条件的负债，“发生不发生、发生多少，都具有不确定性和可调控性”，[1]其可能构成也可能不构成地方政府债务。因此对于地方政府性债务，我们不能眉毛胡子一把抓，而应区分债务的具体性质，如此方能将地方政府债务风险和地方政府性债务风险区别开来，[2]这是正确认识和规制地方政府负债问题的必要前提和基础。

〔1〕 许志峰、王珂、吴秋余:《地方债究竟有多少》，载《人民日报》2013年10月28日，第17版。

〔2〕 参见刘尚希、赵全厚:《正确认识地方政府性债务》，载《光明日报》2013年8月23日，第11版。

第二章 我国地方政府举债融资机制的演变与转型

我国地方政府负债从无到有，从早年的规模较小到如今的体量巨大，这一变化发展的过程同时也伴随着地方政府举债融资机制的演变与转型。在不同国度、不同历史时期，尽管地方政府举借债务的形式五花八门，但从其演变发展的轨迹来看依然有迹可循，莫不遵循如下规律：举债行为从偶然为之到常态发生，举债规模从无序增长到理性发展，举债方式从依赖行政权威到尊重市场规律，举债机制从缺乏制度规制到注重法治约束。我国亦是如此。从20世纪50年代的地方公债到当前的地方政府债券模式，我国地方政府的举债融资行为逐渐从无序发展到有序，融资模式也从依赖计划手段和行政资源转型为尊重市场规律和法治机制。

第一节 从地方公债到国债转贷

1958年4月，中共中央发布了《关于发行地方公债的决定》，提出自1959年起停止发行全国性公债，必要时允许地方发行地方经济建设公债以筹措建设资金。同年6月，全国人大常委会第97次会议通过了《中华人民共和国地方经济建设公债条例》(以下简称《地方经济建设公债条例》)，该条例第2条规定："省、自治区、直辖市认为确有必要的时候，可以发行地方经济建设公债，由该省、自治区、直辖市人民委员会统一办理。省、自治区所属专员公署和自治州、县、自治县、市人民委员会推销的公债收入，大部分应当留归各该专区和自治州、县、自治县、市支配，一部分由省、自治区调剂使用。”但事实上的地方建设公债还要更早一些。1949年，当时的东北行政委员会曾发布《发行生产建设实物有奖公债的命令》，分上下两期发行了1200万份公债。1950年，为筹措建设资金，弥补财政收入的不足，东北人民政府经中央政府批准，颁布《1950年东北生产建设折实公债条例》，共发行了两期东北生产建设折实公债。此次公债的发行也是以实物作为衡量标准，以“分”作为计量标准，采取行政摊派的方式发行，发行对象为东北地区职工、农民、工商界人士、市民及其他人员，各阶层分配的认购指标不等，但以工商界为主。

1959年的《地方经济建设公债条例》是在“大跃进”的历史背景下出台的，各地对于发行公债都很积极。条例颁布后，江西、东北等省区根据本地区实际情况，不同程度地发行了地方经济建设公债。这一时期的地方公债基本都按照自愿认购的原则进行推销，公债的实际利率大多高于条例规定的“年利率一般不宜超过2%”的规定，期限一般在5年之内，采取抽签轮次法偿还本金，不计复利，公债面额都比较低，最高不超过50元，地方经济建设公债属于非流通债券，不允许自由转让或作为货币流通。从20世纪50年代中后期开始，我国高度集中统一的计划经济体制逐步形成，社会经济状况也发生了根本性的改变，地方经济建设公债只短暂地出现了几年便销声匿迹。

1981年1月16日，国务院通过了《中华人民共和国国库券条例》，这标志着自1959年开始停止发行的全国性公债得以恢复。1993年12月15日，国务院颁布《关于实行分税制财政管理体制的决定》（国发〔1993〕85号），决定从1994年开始我国中央和地方政府财政实行分税制改革。国债的恢复发行和分税制改革改变了此前中央财政赤字主要通过向中央银行透支和借款来弥补的做法。1994年以后，发行国债成为弥补中央财政赤字的主要方式。然而，分税制虽然就政府间收入分配的界线进行了明确的界定，但对于支出责任的划分却并不明晰。实际上，随着经济社会发展要求的不断提高，地方政府在城市建设、社会保障、公共基础设施建设等方面的支出越来越不堪重负。[1]1994年《中华人民共和国预算法》（以下简称《预算法》）通过并于次年1月1日起施行，

---

〔1〕 参见熊伟：《地方债与国家治理：基于法治财政的分析径路》，载《法学评论》2014年第2期。

此后地方政府举债受到了法律的限制。在地方政府举债受限的情况下，如何来解决地方政府财政不足的问题？1998年8月，财政部为贯彻党中央、国务院关于增发国债并将一部分国债资金转贷给地方政府使用的决定，制定了《国债转贷地方政府管理办法》（财预字〔1998〕267号），决定1998年增发一定数量的国债，由财政部转贷给省级（包括省、自治区、直辖市及计划单列市）政府，用于地方的经济和社会发展建设项目。转贷资金主要用于五个方面的建设项目，即农林水利投资、交通建设投资、城市基础设施和环境保护建设投资、城乡电网建设与改造以及其他国家明确的建设项目。然而，与地方政府不断膨胀的财政支出和资金需求相比，国债转贷方式解决问题的力度和范围毕竟是十分有限的。如何突破1994年《预算法》的限制，大幅度地解决地方政府财政上的燃眉之急，成为困扰当时各地方政府的一大现实难题。

第二节　地方政府融资平台及其法律迷思

针对政府性债务的国家审计开启了我国治理地方债问题的新篇章。通过审计初步了解我国地方政府性债务状况之后面临的最关键问题，是如何有效化解当前的地方债危机并提高未来地方债治理的有效性。1994年《预算法》原则上不允许地方政府负债，除非法律和国务院另有规定，否则地方政府不得发行地方政府债券。在这样的法律规定下，地方政府本来是举债无门的。但事实上，冒着违法违规的风险变相举债几乎成为地方各级政府的普遍做法。而作为地方政府举债融资载体以及实施主体的，正是形形色色的地方政府融资平台公司。

对于我国居高不下的地方政府性债务，地方政府融资平台负有不可推卸的责任。尽管地方政府融资平台并不是一个严格的法律术语，而是一个接近功能性描述或实施性描述的概念范畴，但这并不影响融资平台在实践中的广泛应用以及理论界的激烈探讨。根据国务院《关于加强地方政府融资平台公司管理有关问题的通知》（国发〔2010〕19号，以下简称国务院19号文）的解释，地方政府融资平台公司（以下简称融资平台）是指由地方政府及其部门和机构等通过财政拨款或注入土地、股权等资产设立，承担政府投资项目的融资功能，并拥有独立法人资格的经济实体。融资平台是在怎样的背景下产生和兴盛起来的，如何公正地评价其功过是非，其未来的前途命运如何，在研究和思考我国地方政府性债务问题时这些都是不可回避的重要背景。

一、生逢其时还是权宜之计：融资平台的勃发与兴盛

融资平台产生的历史背景，可以追溯到20世纪80年代中末期。作为政府投融资体制改革和创新先锋，成立于1987年的上海久事公司是后来蓬勃兴起的各种融资平台的鼻祖。1986年8月5日，国务院发布《国务院关于上海市扩大利用外资规模的批复》(国函〔1986〕94号)，批准同意了上海在计划之外采取自借自还的方式扩大利用32万亿美元外资资金的报告，该项政策被称之为“94专项”。为确保运作成功，上海市政府作出了一个意义非凡的决定，即尝试利用经济手段成立专门的经济实体对“94专项”统一进行资金筹措、调剂和管理，上海久事公司因此诞生。1988年，国务院通过了国家计划委员会提出的《关于投资管理体制的近期改革方案》，这一方案促使政府投融资体系由原来单一的中央投资模式转变为中央与地方共同投资模式，也为日后融资平台的出现提供了政策上的引导。得益于这一转变，1992年上海浦东新区成立了我国第一家具有现代意义的政府融资平台公司——上海城市建设投资开发总公司，该公司经上海市政府授权主要从事城市基础设施投资、建设和运营。

1994年的分税制改革加大了地方政府的财政缺口，地方政府的融资需求更加强烈，融资平台的发展迎来了重要的转折时期。为了弥补财政匮乏，支持地方建设，地方政府纷纷突破法律障碍解决资金“瓶颈”，各地政府开始建立一系列专业的投融资公司。1997年，为应对亚洲金融危机，中央允许地方政府通过变通的手法对外融资以扩大投资规模。中央财政为获得审批通过的基建项目提供一定支持，同时地方政府安排配套资金，省级政府投融资平台在这一背景下纷纷建立。[1]

2004年《国务院关于投资体制改革的决定》(国发〔2004〕20号)发布，国务院要求改革政府对企业的管理制度，对政府投资体制进行完善，规范政府投资行为。这一决定合理地界定了政府投融资方面的功能与渠道，改善和健全

〔1〕 参见国家信息中心新型城镇化建设课题组：《新型城镇化建设中地方政府融资平台何去何从》，载《中国财政》2014年第2期。

了投资的宏观调控体系，为地方投融资公司的发展提供了更大的空间。2008年，源于美国的次贷危机在世界范围内酿成了一场破坏力巨大的金融海啸，中央为应对这一冲击实施了货币与财政双宽松的政策，同时还出台了一项4万亿的投资刺激计划。在这一背景下，上至省级下到乡镇各级各地的地方政府纷纷建立融资平台。一时间全国的融资平台数量与规模急剧膨胀，创造了一个融资平台高速发展但也乱象频生的短暂的辉煌时期。[1]

从融资平台产生与发展的表面轨迹来看，似乎这种特殊经济实体的出现是顺应了时代要求的必然产物，融资平台的诞生仿佛是生逢其时。然而仔细推究，这种特殊的经济实体，无论是最初的上海久事公司，还是2008年之后蜂拥而上的各种平台公司，要么是政府为实施某个特定项目而成立的运作主体，如上海久事；要么是特殊背景下政府为贯彻执行相关政策而作出的应对之举，如两次危机期间融资平台的兴盛。尽管发展至今已近30年，但融资平台的诞生和存续在本质上都逃不出作为地方政府融资手段的命运，这种名义上具有独立法人资格的经济实体不过是囿于1994年《预算法》关于地方政府“不列赤字”“不得发行地方政府债券”“不能向金融机构直接贷款”的禁止性规定，地方政府为弥补其财政汲取能力不足而作出的“灵活”应对，[2]看似生逢其时的融资平台其实不过是地方政府为规避法律的禁止性规定而采取的无奈之举和权宜之计。

二、融资平台的法律尴尬：正当性与合法性之辩

融资平台的诞生有其特殊的历史时代背景，其之所以迅速发展和扩张的根源一方面在于地方政府强烈的资金需求与财政匮乏的现实之间的矛盾，另一方面也是受制于我国不允许地方政府负债的法制环境。所以在一定程度上，融资平台可以说是地方政府在受约束的条件下为了追求特定目标而诱发

〔1〕 各部门关于融资平台的统计数据存在一定差异。据国家审计署的统计数据，至2010年年底省、市、县三级地方政府所设立的融资平台公司有6576家。而中国人民银行发布的《2010中国区域金融运行报告》则显示，至2010年年末全国的融资平台数量达到1万余家，与2008年年末相比增长了25%以上，而且其中70%以上属于县级（含县级市）平台。银监会的统计数据则显示，截至2013年12月底，融资平台数量在1.06万～1.11万家。

〔2〕 参见杨松、张永亮：《地方政府融资平台的发展方向》，载《法学》2012年第10期。

的必然产物。[1]根据我国《宪法》第107条的规定，县级以上人民政府管理本行政区域内的经济、科教文卫、城乡建设事业和财政、民政、司法、监察等行政工作。地方政府在基础设施建设、改善人民生活水平、加强医疗保险以及养老保险等诸多方面负有重要职责，但分税制后地方政府的可用财力远远无法满足这种资金需求。

1994年《预算法》对于地方政府负债原则上是禁止的，这为融资平台在特定背景下的应时而生创造了看似合理的理由。在某种意义上，我国现行体制下融资平台的存在有一定的正当性。尽管融资平台在运行和操作上存在各种不规范的现象，也在事实上造就了后来的地方债危局，但不可否认融资平台在其存续期间确实为地方政府突破资金瓶颈作出了巨大贡献，地方政府通过融资平台筹集的资金大力支持了辖区的基础设施建设、提高了公共服务水平和人民生活水平，以至于国家也在一定程度上认可融资平台所具有的积极作用，认为“地方政府通过融资平台公司等多方筹集资金，为我国经济发展提供了资金支持”。[2]

从结构化金融的角度来看，融资平台实际上是地方政府为基础设施建设和土地开发之需而设立的特殊目的载体，其存在的意义主要在于为地方政府进行表外融资。事实上，融资平台并非中国独有的特色，这种利用表外载体进行融资的现象在国外一些政府中也存在。美国也有大量地方政府控制的融资平台，如在2007年次贷危机中被广为人知的“两房”（房利美Fannie Mae和房地美Freddie Mac，即联邦国民抵押协会与联邦住宅贷款抵押公司），都可以算是一种政府融资平台。这些平台最初的作用是为地方政府融资而不是经营业务，通过融资平台进行的融资可以不计入地方政府的资产负债表。[3]

利用表外载体进行的融资活动通常被认定为是需要受到严厉限制和监管的违规行为。因此融资平台尽管有其存在的正当和合理性，但其本身及其所开展的融资活动却在诸多方面遭遇了法律上的尴尬。首先，融资平台表面来

---

〔1〕 参见高帆：《地方政府债务：从哪里来，向何处去？》，载《文汇报·文汇学人》2011年7月11日。

〔2〕 参见《中华人民共和国审计署审计结果报告》（2011年第35号总第104号）中关于“地方政府性债务资金在地方经济社会发展中发挥的积极作用”的相关表述。

〔3〕 See Leigland, J., “Public Authorities and the Determinants of their Use by State and Local Governments”, *Journal of Public Administration Research and Theory*, 1994(4): 521.

看虽然具有独立的法人资格，但在财产方面，融资平台是在地方政府的直接主导或间接控制下进行投融资活动的，对于平台公司财产并没有独立支配的权利；在组织机构上，绝大多数的融资平台并不具备规范的治理结构，也不实行市场化的运作，其组织机构具有强烈的行政管制的色彩，独立性无从谈起；从责任来看，融资平台主要依靠地方政府信用运作，地方财政为其承担直接或间接的偿债责任，自然缺乏独立的法律责任和法律人格。可见，融资平台根本无法满足作为独立法人所必需的独立的财产、独立的组织机构、独立承担法律责任的要求。融资平台作为特殊历史时期社会转型的产物，其存在和运作更多依赖于政策而不是法律，这就决定了融资平台的商事组织形式其实游离于合法性的边缘。[1]

其次，融资平台对外以独立法人宣称，其举债形成的债务不会列入地方政府显性债务范围。但几乎所有的融资平台债务一开始就打上了地方政府信用担保的烙印，因此融资平台的债务实际上也构成了地方政府的隐性负债或或然负债。而根据1994年《预算法》和《中华人民共和国担保法》(以下简称《担保法》)的相关规定，地方政府并没有合法融资和对外担保的体制通道，其本身也不具备商业信用担保功能，因此融资平台的债务在很大程度上面临较大的法律风险。[2]这些矛盾与障碍的存在成为融资平台难以摆脱的身份尴尬以致最终陷入重重法律迷局。

三、融资平台模式下的地方政府性债务特征与风险

依托于各种融资平台，地方政府通常采取银行项目贷款、发行“城投债”以及进行融资租赁、项目融资、信托私募等方式进行融资，融资行为的隐蔽性极强，这使得融资平台模式下的地方政府债务透明度很低，[3]呈现出极强的隐性债务特征，外界很难清楚地方政府的债务规模究竟有多大，在一定程度上甚至有些地方政府自身对其负债状况也并不十分确切。由于负债的透明度低，

---

〔1〕 参见冯果、李安安:《走出地方政府融资平台的法律迷局及其规范的思路》,载《经济法论坛》(2013年)第10卷。

〔2〕 国家信息中心新型城镇化建设课题组:《新型城镇化建设中地方政府融资平台何去何从》,载《中国财政》2014年第2期。

〔3〕 在地方政府负债方式中,透明度最高的方式是发行地方政府债券或市政债券,透明度较低的方式包括银行贷款、应付款、向上级或其他政府的借款、信托贷款等。

使债务发生之前和发生过程中难以得到有效控制，这也在一定意义上助长了地方政府的过度负债。此外，融资平台举债对于银行贷款的依赖性很强，尤其县级融资平台融资来源中的银行贷款甚至达到90%以上。这说明融资平台表面上虽然采取多种方式进行融资，但实际上银行仍然承担着为地方政府提供资金来源的关键角色。此外，融资平台所采取的融资方式通常意味着较高的融资成本。据测算，融资平台融资的平均成本约为10%，企业垫资通道中的BT方式融资成本则高达15%，而有的项目的融资成本甚至达到了20%。高企的融资成本无疑加重了地方政府的偿债压力，但更令人焦虑的是全国各地地方政府的偿债能力良莠不齐，而越是偿债能力偏低的地方政府其债务的相对规模反而越大，例如县级融资平台就举借了大量的债务。很多地方政府超出其财力举债，其所承担的债务已经达到了自身财力的2～3倍。

在融资平台模式下，地方政府性债务问题究竟有多大？根据审计署2013年的统计数据和国家统计局当年的GDP数据，计算得出我国地方政府性债务约占GDP的31.5%。〔1〕国际上通常采用《马斯特里赫特条约》所规定的60%的负债率作为政府债务风险控制的标准参考值。因此，总体来看，融资平台所累积的地方政府性债务较之世界公认的政府债务风险警戒线尚有一段距离，其风险处于总体可控状态，〔2〕再加上政府拥有大量的资产和较高的国内储蓄，因此出现债务危机的可能性非常低。〔3〕但是不可否认，大量的融资平台债务所带来的局部的、阶段性的风险仍然不容小觑。（1）短期内发生流动性及信用风险的可能性较高。流动性风险指当地方用以抵押的资产的流动性发生不确定性时，就会产生相应的流动性风险。一些融资平台为了追求效率进行了期限错配，这种“短贷长用”的方式使短期负债到期时如无后续资金支持将导致发生流动性问题。信用风险则源于地方政府过多的融资平台使得其支持力度较为分散，如部分融资平台获得的政府支持力度较弱或得不到支持，则可能产生信用风险。事实上自2011年以来，融资平台中的个别城投公司已经因信用风险

〔1〕　国家统计局2014年1月20日发布的我国2013年国内生产总值GDP为569，945亿元；此处的地方政府性债务包括地方政府负有偿还责任的债务、负有担保责任的债务以及可能承担一定救助责任的债务，采用审计署2013年的地方政府性债务统计数据178，908.66亿元。

〔2〕　参见巴曙松：《地方债务问题应当如何化解》，载《西南金融》2011年第10期。

〔3〕　参见汪涛：《地方政府债务问题到底有多大》，载《金融发展评论》2011年第7期。

恶化而出现了不同程度的违约,[1]虽然经过适当调整这些风险最终得到了化解,但融资平台的流动性及信用风险隐患依然存在,而且将随着偿债高峰期的集中到来而愈发凸显。(2)融资资金来源较为单一,债务结构存在严重问题。由于融资平台债务多数属于政府预算体制之外的表外业务,其债务本身存在着结构上的风险,主要表现为银行贷款在融资资金来源中所占的比重过大,这使得一旦发生局部的地方政府财政危机,则这种危机将很快传递至银行系统,从而使局部的地方财政风险可能演变为更大范围的金融风险。(3)高度依赖土地财政,偿债能力难以持续。事实上,对于绝大多数的地方政府而言,无论是获取银行贷款所需的担保还是进行债务偿还所需的资金来源都严重依赖于土地出让收入。根据审计署的报告,地方债务偿还对于土地收入的依赖十分严重,2010年年底地方政府负有偿还责任的债务余额中承诺以土地出让收入作为偿债来源的比例甚至高达81.2%。随着国家对房地产市场宏观调控的收紧,再加上土地资源本身的不可再生性,地方政府通过土地财政获得的资金支持正在呈现下降趋势,这必将严重影响地方政府的债务偿还能力。(4)责任机制的缺位助长了地方政府隐性负债的冲动和形成巨额债务的风险。在民法框架内,“债”往往被理解为一种“责”。在中央与地方“分灶吃饭”的财政安排下,地方政府对于被大量下放的事权总是试图做“减法运算”。但相比之下中央事权的下放节奏更快,地方只能以举债作为解决事权支出难题的“利器”,然而由于缺乏稳定的偿债来源地方政府往往面临沉重的偿债压力。这使一些地方政府在偿债困难的客观原因之外也在主观上产生了“不愿还”或“不愿早还”的心理。[2]我国作为单一制国家不允许地方政府破产,对于地方政府官员的考核虽然强调政绩但对其任内债务的非理性增长却较少问责,缺乏责任机制的融资平台模式助长了地方政府举债的冲动和形成巨额债务的风险。因此,虽然融资平台为中国经济的发展做出过重大的贡献,但它终究是不规范的地方政府融资机制,注定是一个过渡性的历史产物。

---

〔1〕 例如,2011年5月四川高速公路建设开发总公司在两只城投债存续期间因无偿划转股权而影响了偿债能力,后遭到银监会交易商协会严厉处罚并注销了其当年剩余发债额度;2011年6月云南公路开发投资有限公司因向债券银行发函表示“只付息,不还本”而引发信用事件爆发;几乎同时发生的还有上海申虹债因流动性负债调整向银行要求延长还款期……2014年3月“11超日债”违约事件爆发,公募债券“零违约”的纪录被打破引发公众瞩目。

〔2〕 参见谭波:《破解我国地方债务问题的法治思考》,载《中州学刊》2015年第8期。

第三节　新《预算法》下的地方债治理与地方政府融资新格局

融资平台不规范的运作模式以及庞大的债务规模所带来的风险引起了国家的重视。自2009年中央政府即开始着手出台一系列政策对融资平台进行规范，但是对于融资平台的治理整顿并不能从根本上解决地方政府变相负债所带来的一系列问题。摸清地方政府性债务规模仅仅是迈出了治理地方债的第一步，而诸多体制和制度上的问题还需要从更长远的思路来寻找根本的解决之道。其中的焦点之一，就是地方政府能否突破《预算法》关于地方政府不能负债的禁止性规定，为此，我国理论界和实务界展开了一场关于是否应通过赋予地方政府举债权实现地方政府负债阳光化和透明化的激烈讨论。

一、地方政府举债权与过度负债的辩证关系

理论界和实务界关于是否应赋予我国地方政府举债权曾经在很长一段时间内争议不休。主张赋予地方政府举债权的一方认为，鉴于现实中地方政府举债现象的普遍性，与其任其以各种变相的方式不断累积隐性债务，不如给予其公开合法的身份，将地方政府性债务显性化，其风险反而会因此减少。地方政府有了正规的举债渠道在一定程度上也有利于解决土地财政等一系列问题。也有观点认为分税制赋予了地方一定的财权，而且我国的国债市场也正在完善，具备了地方政府发债的条件。

反对赋予地方政府举债权限的一方则认为，我国政府间关系尚未理顺，且分税制改革并不彻底，[1]地方政府发债的法律基础和政治基础并不具备。有学者提出观点，认为我国现行法律没有明确哪一级政府享有独立的财产权，如果缺乏相应的民法体系和行政法体系的支撑，贸然赋予地方政府自主举债的权力可能刺激一些地方政府的急功近利行为。[2]

---

〔1〕参见马进、殷强：《地方发债与地方政府隐性债务研究》，载《广西社会科学》2010年第5期。
〔2〕参见王涛：《地方政府负债高企引发争论》，载《经济参考报》2010年6月30日。

在这场关于地方政府举债权的争论中，有必要先厘清一个前提性的问题，即政府举债权究竟是一种权力还是权利？若为权力，其所强调的是一个主体对另一主体的控制，含职责之意；若为权利，则更强调自由行使的程度及对对价利益的可期待。[1]地方政府举债权既是相对于由市场经济所支撑的对象而言的，也是相对于基于地方自治理论所支持的中央政府而言的。在内涵上，它既是地方融资建设必要的职责行使，也是对债务收入的可期待利益。因此，地方政府举债权是一种“权利”，但也包含“权力”的属性，这两种性质并非截然分开。在公法与私法相互渗透交融的当下时代，国家与社会间的关系日渐模糊，判定地方政府举债权究竟是“权力”属性更多，还是“权利”属性更多，并不是最重要的问题。事实上，更重要的问题应该是，地方政府能不能合法地享有举债权，以及在现实经济环境中如何正确地行使这种举债的权利/权力？[2]那么问题又回到了此前关于应否赋予地方政府举债权的讨论。

实际上，关于是否应赋予地方政府举债权的争议集中到一点，就是地方政府能否有效地承担起偿债责任，是地方政府独立承担责任还是地方政府负连带责任？只有地方政府能够为自己的行为负责，才能赋予其相应的权利/权力。中央政府对地方政府究竟存在何种责任？从体制上来讲，我国属于单一制国家，地方政府是中央政府的派驻机构，上级政府要对下级政府负责。但在经济层面上，中央又赋予了地方政府充分的经济发展自主权，地方政府在事权上也有一定的独立性。事实上，中国虽然是单一制宪法体制国家，但地方却在国家治理体系中长期扮演着不可或缺的重要角色。地方政府对于推动GDP增长做出了巨大贡献，同时也承担着国家治理和公共服务等方面的重要职能。地方绝非只是中央政策的单一执行者，在公共事务职能的许多方面，地方政府其实更是政府职能的实际履行者。[3]因此对于地方政府的债务，中央可以不承担全部责任。[4]现实的情况是，在中央集权制国家，上下级政府

---

〔1〕 具体可参见付子堂在其著作《法理学进阶》（法律出版社2016年版）中关于权利和权力解析的部分内容。

〔2〕 参见王旭坤：《中国地方政府举债权研究》，法律出版社2016年版，第49～50页。

〔3〕 参见周尚君：《地方法治竞争范式及其制度约束》，载《中国法学》2017年第3期。

〔4〕 参见贾雪：《地方政府信用评级：沪、粤、京信用最高 黑、甘、云最低》，载http://news.xinhuanet.com/fortune/2013-10/29/c_125614616.htm，2015年12月26日访问。

之间通常存在明确或暗含的法律或道义、传统的关系，上级的事权往往理所当然成为下级的事权，下级的债务则不可避免成为上级的或有债务，于是上级往往成为下级的债务的最后兜底者。其原因在于，在中央事权和地方事权没有被明确区分的前提下，中央和地方的责任也就没有一个清晰的界定，[1]中央政府往往被当成地方政府的理所当然的救助者。这导致在负债问题上地方政府的道德风险较高，地方政府往往具有强烈的负债冲动，甚至故意负债。[2]

在国际上，单一制或联邦制的国家结构其实并不是地方政府能否负债的决定性因素，因为无论是联邦制的美国和德国还是单一制的日本和英国，其法律都允许地方政府在一定限度内负债。事实上，现今世界的绝大多数地方政府都享有发行地方债券的权力。[3]相对于联邦制国家，单一制国家对于地方政府负债的主要担忧在于，中央政府可能因无法有效控制地方政府的道德风险而承担沉重的连带责任。于是问题又演变为赋予地方政府举债权是否必然引发地方政府的道德风险最终导致过度负债而累及中央?

正如前文反复论证的那样，地方政府负债会带来一系列风险问题，如果缺乏合适的规则来约束地方政府的举债行为，地方政府甚至可能会因为过度举债而破产，例如阿根廷和巴西的地方债务危机。我国的地方政府也与成熟市场经济国家一样承担着发展经济、推动增长的职能。现实情况是，在长达20多年的时间里，由于预算法等一系列法律法规的制度供给不足，地方政府合法的举债权被剥夺，反而在事实上形成了一个缺乏透明度和公开性的隐性地方政府债务市场，这使财政预算约束和市场约束对于地方债务均丧失了用武之地，地方政府纷纷违反《预算法》《担保法》的规定大量举债，导致财政约束失效，而在现有的政府债务和国有金融机构不良资产处理机制之下，必然造成货币稳定性的缺失。若任其发展，则可能导致宏观体系紊乱，统一的货币、统一的市场、统一的宏观调控也就无从谈起。[4]

2009年财政部代理发行地方政府债券使部分地方政府重新获得了发债

---

〔1〕 参见周尚君:《地方法治竞争范式及其制度约束》，载《中国法学》2017年第3期。

〔2〕 参见宋立:《地方公共机构债券融资制度的国际比较及启示——以美国市政债券与日本地方债券为例》，载《经济社会体制比较》2005年第3期。

〔3〕 参见杨速炎:《地方债胎动》，载《政府法制》2009年第1期。

〔4〕 参见王涛:《地方政府负债高企引发争论》，载《经济参考报》2010年6月30日。

权。尽管采取的是代发代还的模式，但这种债券融资的模式其实已经在实质上承认了地方政府的发债权，是对1994年《预算法》原则上不允许地方政府发行债券的一种灵活变通，这种做法在观念上已经突破了法律的界限，构成了实质上的发债权委托行使。[1]面对地方政府已经普遍负债的既成事实，解开对于地方政府负债的法律禁锢或许才是帮助我们摆脱地方政府性债务危局的正确选择。但是这种放开必须把握两个原则，一是赋权的限度问题，二是对获得举债权后地方政府举债的规则约束问题。处理好了这两个方面的问题，则地方政府举债权与过度负债之间的矛盾自然不难化解。

二、新《预算法》带来地方债治理新篇章

这场关于是否应赋予地方政府举债权的争论也渗透到了我国《预算法》的修订工作当中。早从2004年开始，我国便着手启动有着“经济宪法”之称的《预算法》的修订工作，至2014年方才修成正果。这是一个各方力量博弈的过程，其中关于该不该赋予地方政府发债权是《预算法》修改中一个颇有争议的焦点问题。在《预算法（修正案草案）》一审稿中，曾出现对地方政府债务实行“限额管理”的规定，然而在二审时这一规定被删除，二审草案保留了1994年《预算法》“除法律和国务院另有规定外，地方政府不得发行地方政府债券”的规定。这一状况在《预算法（修正案草案）》第三次审议时得到较大改观。三审稿中的一大亮点就是针对地方债问题进行了大幅度修改，赋予了地方政府有限度的发债权，同时也限定了地方债的举债主体、方式以及规模。四审稿在三审稿的基础上，对地方债的举债用途进行了限制，另外新增了一条规定，即“国务院建立地方政府债务风险评估和预警机制、应急处置机制以及责任追究制度。国务院财政部门对地方政府债务实施监督”。2014年8月31日，第十二届全国人大常委会第十次会议通过了《全国人民代表大会常务委员会关于修改〈预算法〉的决定》，新《预算法》已于2015年1月1日起实施。

---

〔1〕 参见戴传利：《我国地方政府债券融资法律监管程序问题研究》，载《学术界》2016年第6期。

新《预算法》关于地方债的规定主要体现在第35条。[1]与1994年《预算法》相比，新规定的变化主要体现在两个方面：一是修改了关于地方各级预算的赤字规定，为地方政府负债清除了预算法上的障碍；二是修改了1994年《预算法》"除法律和国务院另有规定外，地方政府不得发行地方政府债券"的规定，明确了地方政府举借债务应采取地方政府债券形式，并对地方政府债券发行的主体、方式、规模以及举债用途等作出了规定，形成了我国地方政府债券的基本法律规则。

事实上，因巨额地方债而引发的问题在较早之前就引起了国家的重视，在新《预算法》出台之前国家就已经发布了不少关于地方债治理的政策措施。2010年6月，国务院出台19号文对融资平台债务的清理核实、加强融资平台融资管理与银行业金融机构的信贷管理、禁止地方政府违规担保以及加强组织领导与工作落实等方面提出了要求。为贯彻落实这一通知，财政部、发改委、中国人民银行和银监会还联合发布了相关实施意见。[2]此外，银监会还从2011年起连续3年单独发布了关于融资平台贷款风险监管的文件。[3]然而遗憾的是，这些针对融资平台进行治理整顿的政策措施并没有取得明显的实施效果。[4]在某种程度上，中央政府对于地方债的治理似乎陷入了僵局。[5]

随着新《预算法》关于地方政府负债的新规定，地方债治理有了转机。

---

〔1〕 该条的内容为："地方各级预算按照量入为出、收支平衡的原则编制，除本法另有规定外，不列赤字。经国务院批准的省、自治区、直辖市的预算中必需的建设投资的部分资金，可以在国务院确定的限额内，通过发行地方政府债券举借债务的方式筹措。举借债务的规模，由国务院报全国人民代表大会或者全国人民代表大会常务委员会批准。省、自治区、直辖市依照国务院下达的限额举借的债务，列入本级预算调整方案，报本级人民代表大会常务委员会批准。举借的债务应当有偿还计划和稳定的偿还资金来源，只能用于公益性资本支出，不得用于经常性支出。除前款规定外，地方政府及其所属部门不得以任何方式举借债务。除法律另有规定外，地方政府及其所属部门不得为任何单位和个人的债务以任何方式提供担保。国务院建立地方政府债务风险评估和预警机制、应急处置机制以及责任追究制度。国务院财政部门对地方政府债务实施监督。"

〔2〕 即《关于制止地方政府违法违规融资行为的通知》(财预〔2012〕463号)。

〔3〕 分别是《关于切实做好2011年地方政府融资平台贷款风险监管工作的通知》(银监发〔2011〕34号)、《关于加强2012年地方政府融资平台贷款风险监管的指导意见》(银监发〔2012〕12号)、《关于加强2013年地方政府融资平台贷款风险监管的指导意见》(银监发〔2013〕10号)。

〔4〕 参见成涛林：《地方政府融资平台转型发展研究——基于地方债管理新政视角》，载《现代经济探讨》2015年第10期。

〔5〕 参见常红、刘茸、李叶：《地方债审计风暴今日全面展开 或成反腐败先行棋》，载http://www.js.xinhuanet.com/2013-08/01/c_116764095.htm，2016年4月2日访问。

2014年10月,《国务院关于加强地方政府性债务管理的意见》(国发〔2014〕43号)发布,国家对地方政府性债务管理有了更加清晰有力的政策措施。地方债治理的难点之一在于存量债务。国务院43号文出台后不久,财政部即发布《地方政府存量债务纳入预算管理清理甄别办法》,地方政府存量债务的治理有了具体的思路办法。根据这些地方债新规,首先应对地方政府存量债务进行清理甄别,将地方政府应偿还的债务纳入预算管理,允许各地区地方政府发行地方政府债券进行置换,对不属于政府应偿还的债务将遵循市场规则处理。对于融资平台,将剥离其政府融资职能,融资平台不得新增政府债务。在地方债增量的规范方面,与《预算法》的规定保持一致,即发债方式规范、债务规模受限、债务用途受限且须纳入预算、地方政府负偿还责任、中央实行不救助原则。此后财政部又陆续出台了一系列关于地方政府存量债务的清理以及债务置换等问题的文件,地方政府性债务治理开始进入实质性的关键环节。

三、新形势下的地方政府举债融资格局

在新《预算法》以及地方债管理新规的推动下,我国地方政府举债融资的格局正在发生改变。新《预算法》实施前,为规避法律关于地方政府不得负债的规定,各地方政府多是通过建立各种融资平台公司进行融资,姑且称其为平台依赖型的地方政府融资机制。此种机制下常用的融资方式主要包括银行项目贷款、发行"城投债"以及进行融资租赁、项目融资、信托私募等。根据2013年审计署公布的《36个地方政府本级政府性债务审计结果》(2013年第24号),从债务资金来看,2012年年底的债务余额中,银行贷款所占的比重高达78.07%,而发行债券所占比重仅为12.06%。再加上通过其他方式获得的融资资金中有相当部分也来源于银行体系,因此实际上地方政府融资资金中来源于银行系统的资金比重可能比审计结果公布的数字更高。这种平台依赖型的地方政府融资机制将地方政府性债务风险在很大程度上与银行捆绑在一起,一旦发生财政风险极有可能触发银行系统内金融风险。

新《预算法》实施后,发行地方政府债券成为地方政府举债融资的唯一合法方式,但这并不意味着融资平台将彻底失去存在的价值。事实上,融资平台并非中国独创的政府融资模式,在美国、日本等发达国家也有类似的政府支持企业或平台类公司。这些融资平台虽隶属于政府,但需受市场约束,进行

市场化和专业化的运作，而且其实现公共设施建设的投融资职能优于政府。[1]因此短期内融资平台还不可能被抛弃，而是面临着清算退出、合并、转型的三种可能。清算退出的融资平台自不待言，实现合并或转型之后融资平台不仅将实现数量上的大规模压缩和质量上的显著提升，更重要的是其政府融资功能将被剥离，今后融资平台新增债务将视为企业的经营性债务，这将使其与地方政府的关系趋向明晰，与银行的关系也更符合经济理性。当然，由于政府信用的剥离，融资平台发行企业债券将以平台公司自身的商事信用为基础，信用重估可能带来信用等级的下降，这可能会增加其债券发行难度，抬高其发行成本。[2]

从依赖融资平台转型为依靠市场化方式发行地方政府债券，这意味着以往发行债券只占地方政府融资比例10%左右的融资格局将有望得到扭转。根据中国人民银行发布的2015年金融市场运行情况报告显示，2015年地方政府债券发行3.8万亿元，其中3.2万亿元属于地方政府债务置换债券，0.6万亿元为新增债券。2016年，地方政府债券发行增加到约6万亿元，为2015年发行额的1.6倍，其中的80%以上属于置换债券，新增债券约1.2万亿元。截至2016年年末，地方政府债券存量余额已达10.7万亿元，成为我国债券市场上仅次于国债和政策性金融债的第三大债券品种。预计2017年地方政府债券仍将维持6万亿～7万亿元的总发行规模。

我国地方政府性债务的形成是经年累积的结果，解决这一问题涉及存量债务和新增债务两个方面。地方政府债务置换的做法是对于地方政府存量债务中的银行存款部分，由地方财政部门与银行贷款的对应债权人进行协商，通过采取定向承销的方式发行地方政府债券置换这部分银行贷款。而对存量债务中通过信托、证券、保险等机构融资所形成的债务，也可在各方协商一致的前提下采用定向承销方式发行地方政府债券予以置换。通过债务置换，被置换的存量债务的融资成本从平均约10%下降至3.5%，如此一来，每年可以为地方节省2000亿元左右的利息。[3]据财政部计算，2015～2016年债务置换之后，

---

〔1〕 参见李经纬：《地方融资平台转型需分类推进》，载《中国证券报》2014年11月17日。

〔2〕 参见成涛林：《地方政府融资平台转型发展研究——基于地方债管理新政视角》，载《现代经济探讨》2015年第10期。

〔3〕 参见李哲：《地方债务置换年可省息2000亿元》，载《经济日报》2015年12月23日。

地方政府累计可节约的利息支出高达6000亿元。而对于新增债务，则主要通过对新增的地方政府债券发行量进行控制，达到约束地方政府性债务增长的目的。严格控制债务增量，是解决当前我国地方政府性债务问题的重要出路。从融资平台过渡为以发行地方政府债券进行融资的地方政府举债融资模式，标志着我国逐渐告别了依靠政府信用背书和带有强烈行政指令色彩的融资平台融资模式，也意味着我们正在向着建立更加法治化的地方政府债券市场的道路不断迈进。

第四节 地方政府债券：地方政府举债融资机制的法治转向

为了筹措教育、基础设施建设及其他大型项目的支出，地方政府根据信用原则、承诺承担还本付息责任所发行的债务凭证，即为地方政府债券。根据偿债资金来源的不同，地方政府债券可以分为一般责任债券和收益债券两类。前者以地方政府的全部声誉和信用为担保，以地方政府的征税能力作为还本付息的保证；后者与某一特定项目或部分特定税收相联系，主要以投资项目的收益作为还本付息的资金来源，因此风险高于一般责任债券。[1]相对于融资平台时代的地方政府融资模式，发行地方政府债券融资是一种综合运用市场机制和法治机制进行融资的地方政府举债融资模式。

一、地方政府债券融资：一种法治化的地方政府举债融资机制

地方政府债券取代融资平台成为我国地方政府举债融资的唯一方式，这一融资机制的转型带来了四个方面的显著变化。第一，地方政府的融资手段从复杂走向单纯。在融资平台时代，地方政府依托各种平台公司进行融资，所采取的融资手段通常五花八门，包括银行贷款、城投债、融资租赁、项目融资、信托私募等。随着预算法的修改以及地方债管理新规的实施，地方政府今后举借债务只能采取发行地方政府债券这一种手段，法律不允许地方政府以其

〔1〕 参见李经纬、唐鑫：《中国地方政府债券发行制度设计思考——基于国际经验和新经济社会学视角》，载《社会科学家》2014年第6期。

他方式举借债务，否则将承担相应的法律责任。

第二，地方政府融资法律关系从混沌走向清晰。融资平台模式下的地方政府融资中，地方政府与债权人之间原本的直接融资关系，由于融资平台的介入变成了“地方政府——融资平台——银行与资本市场”的间接融资关系。[1]也就是说，债务人与债权人原本的双边借贷关系变成了有融资平台参与的三角关系，这使资金的实际需求者地方政府、融资行为的实施主体融资平台公司与资金的提供者三方之间的法律关系相当模糊。而在地方政府债券融资模式下，作为债务人的地方政府与作为债权人的地方政府债券持有者之间的法律关系相对清晰，一旦发生债券违约等问题可以通过市场化方式和法律机制进行解决。

第三，地方政府融资行为从隐蔽走向公开。在融资平台时期，由于地方政府没有被赋予举债权，其举债行为以融资平台为依托，采取相对隐蔽的方式进行。尤其当融资平台通过银行贷款融资的方式遭到严格限制后，利用表外业务或者更隐蔽的影子银行系统获取资金更是成为地方政府融资的新特点。融资行为的隐蔽性造成地方政府性债务的隐性化，相当体量的地方债无法通过审计等方式显现出来，累积了大量风险。随着新《预算法》赋予地方政府有限的举债权，地方政府举借债务将实现阳光化，清算退出、合并、转型后的融资平台将剥离政府融资功能，隐性的地方政府性债务有望显性化。

第四，地方政府融资基础从依赖行政资源到注重市场运作和运用法治机制。如前文所述，融资平台尽管是实施地方政府融资行为的主体，但地方政府才是融资资金的真正需求者和使用者。融资平台通过各种渠道筹措的资金，从表面来看是平台公司作为独立法人运作的结果，但事实上却是地方政府的融资担保在发挥决定性作用。这种具有逆向软预算约束典型特征的自上而下的资源索取，其实不过是地方政府对其所拥有的行政资源的运用。与融资平台不同，地方政府债券融资是对政府信用的市场化运作，其债券发行的基础是地方政府信用，并通过法治机制来保障这种市场化运作的顺利进行。地方政府债券融资依靠的不再是政府的行政权威，作为发行人的地方政府也要像其他债券发行人一样接受市场检验，其债券能否发行成功将取决于投资者是否

〔1〕 参见龚强、王俊、贾珺：《财政分权视角下的地方政府债务研究：一个综述》，载《经济研究》2011年第7期。

"买账",如果其政府信用得不到市场认可则可能面临发行失败的风险。

二、我国地方政府债券的演进历程与运作模式

前文曾述,我国地方政府债券的历史可以追溯到晚晴时期袁世凯发行的直隶公债。新中国成立以来我国也曾两次短暂地发行过地方政府债券,但真正对我国地方政府债券市场的形成与发展具有划时代意义的转折发生在20世纪90年代末至21世纪初期。

(一)过渡时期的特殊安排:从中央转贷地方模式到自发代还机制

1997年亚洲金融危机爆发,为应对危机中央开始施行积极财政政策,中央发行长期建设债券就是其中的措施之一。1998年,中央增发了1000亿元的特殊国债,其中的500亿元转贷给地方。1999年中央再次增发600亿元,其中300亿元转贷给地方。在这种举债融资方式下,由中央政府以国家信用为担保发行国债,然后将发行国债筹集的资金经由财政部转贷给省级地方政府用于地方的经济和社会建设项目。中央政府在其中扮演着双重身份,分别与国债发行中的债权人和转贷的省级政府发生债务关系和借贷关系,而省级政府不与国债中的债权人发生直接关系只对中央负责,当地方政府不能如期偿债时,中央政府将会通过扣减对地方政府的相应数额的税收返还的形式清偿转贷资金的本金与利息,因此在法律意义上中央政府才是这项债务的真正偿债主体。[1]

2007年美国次贷危机爆发,随后在短时间内迅速蔓延最终演变为一场波及全球的金融风暴。为应对此轮危机给中国带来的影响,中央开始实施积极财政政策,其中之一就是加大政府投资,由此产生了4万亿元的投资刺激方案。在这4万亿元的投资计划中,两年内列出中央财政预算的只有1.18亿元,而剩余的缺口则需要地方财政和社会资本的配套。为了解决配套资金缺口,就必须在现行预算法的基础上有所突破,于是,地方政府发债问题被提上了议事日程。2009年2月,国务院向十一届全国人大常委会第十一次委员长会议汇报了《国务院关于安排发行2009年地方政府债券的汇报》,争议多时的地方债发行事宜终于尘埃落定。[2]根据国务院的安排,地方政府债券将由财政部代理发

---

〔1〕 参见苗庆红:《地方政府债务偿还机制研究》,载《经济体制改革》2015年第4期。

〔2〕 参见朱小雯:《国务院向全国人大汇报地方债发行安排》,载http://finance.sina.com.cn/g/20090218/02402679470.shtml,2017年6月25日访问。

行，财政部同时也代为办理偿还手续。财政部随即发布了《2009年地方政府债券预算管理办法》（财预〔2009〕21号）和《2009年地方政府债券资金项目安排管理办法》（财建〔2009〕121号），以规范地方政府债券收支预算和资金项目安排管理，提高资金管理的科学化和精细化水平，提高资金使用效益。这种由财政部统一代理发行并代为办理还本付息的地方政府债券模式被称为代发代还机制。

根据国务院的要求，财政部代理发行的地方政府债券筹集资金“将被限定用于中央财政投资地方配套的公益性项目以及难以吸引社会投资的公益性项目，不得用于经常性支出”。2009～2011年，财政部每年代理发行的地方政府债券发行规模均保持在2000亿元左右。代发代还模式下，中央只是代地方政府发行债券，中央政府不再是债务人，地方政府成为债券持有者的债务人，名义上债券持有人与发行债券的地方政府单独发生债务关系。在债券到期后，发行债券的地方政府要向中央财政上缴地方政府债券的本息以及发行费用等，中央财政在债券到期后统一代为办理还本付息。对于代发代还地方政府债券持有人而言，中央统一办理债券偿还的做法与中央转贷地方模式在形式上似乎并无太大区别，都是由中央财政来偿还债券持有人的本息。但其实二者之间还是有着明显区别，在代发代还机制下债权人除了向中央政府请求代还以外，还可以向直接的债务人即地方政府要求偿还，[1]而在国债转贷模式下，债券持有人只能要求中央财政对其本息予以偿还。

在中央代发代还试点取得一定成效之后，2011年下半年国务院批准个别财政实力较强的省（市）启动地方政府自行发债试点工作，首批批准的省（市）包括上海市、浙江省、广东省、深圳市。2011年10月，财政部发布《2011年地方政府自行发债试点办法》（财库〔2011〕141号），根据该《办法》，试点地区可以在国务院批准的额度内自行发债，所发债券列入预算管理，由财政部代办还本付息，此为地方政府债券自发代还机制。为避免出现资不抵债的情况，中央还要求试点省市建立偿债保障机制，同时要求地方政府及时披露其经济运行和财政收支状况等信息。2013年经国务院批准，新增了江苏省和山东省为地方政府自行发债试点地区。地方政府自行发债意义深远，这不仅是因为试

〔1〕 参见谢群：《国外地方政府债券发行模式借鉴及启示》，载《地方财政研究》2013年第6期。

点地区相对雄厚的财力更容易取得投资者的信任因此发行效果良好，更重要的是，这是地方政府第一次作为债券发行人自行组织债券发行工作，实现了我国地方政府债券发行上的重大突破。

从中央国债转贷地方，到中央代发代还地方政府债券，再到自发代还地方政府债券，表明我国正在逐步形成真正意义上的地方政府债券融资机制。尽管自发代还机制相比中央转贷地方取得了不小的进步，但由于该机制在本质上仍沿袭由财政部代为办理还本付息工作的做法，这割裂了地方政府债券的发债主体与偿债主体的一致性，市场直接约束的仍然是中央财政，这也就意味着当地方政府无力负担债务时，中央政府将不得不动用自有资金代为偿还。[1]也因此，无论是中央转贷地方模式，还是取得了重大进展的自发代还机制，其实质都是国家为突破预算法的限制而对地方政府举债作出的特殊安排，这种过渡性的特殊安排最终必将被真正意义上的地方政府债券所取代。

（二）我国地方政府债券的实质性变革：自发自还机制的试点

2014年5月，财政部发布《2014年地方政府债券自发自还试点办法》(财库〔2014〕57号，以下简称《试点办法》)，确立了我国地方政府债券自发自还试点机制。根据该《试点办法》，“自发自还是指试点地区在国务院批准的发债规模限度内，自行组织本地区政府债券发行、支付利息和偿还本金的机制”。同时，在此前自发代还的6个试点省（市）之外，还新增了北京、青岛、宁夏、江西为自发自还试点地区。按照《试点办法》，试点的10个省（市）除了自行组织本地区政府债券发行工作以外，还要自行承担支付利息和偿还本金的责任。值得一提的是，《试点办法》还首次提出了地方政府债券实行信用评级制度。这是自中央实行地方政府自行发债以来我国地方政府债券取得的最为实质性的突破，原因在于这打破了以往地方政府债券皆由财政部代为办理还本付息的一贯做法，从而结束了地方政府债券发债主体与偿债主体长期分离的状态。

（三）我国地方政府债券的全面发展：自发自还机制在全国范围的实行

随着1994年《预算法》的修订和一系列地方债治理新政的陆续出台，我国关于地方政府负债的立法态度逐渐明朗，地方政府债券作为地方政府唯一合法的举债融资方式的地位也得到法律的确认。这在客观上促进了自发自还地

---

〔1〕 参见苗庆红：《地方政府债务偿还机制研究》，载《经济体制改革》2015年第4期。

方政府债券的发展以及相应的制度框架的形成。随后，财政部于2015年分别发布了《地方政府一般债券发行管理暂行办法》(财库〔2015〕64号)和《地方政府专项债券发行管理暂行办法》(财库〔2015〕83号)，为我国自发自还地方政府债券在全国范围的推广实行铺平了道路，这也预示着我国地方政府债券发展开始进入法治化建设的新阶段。

自发自还地方政府债券实现了地方政府债务“借、用、还”主体的一致，但这也意味着地方政府债券将不再享有中央政府的信用担保，而且中央也已经明确了对地方政府性债务“不救助”的政策立场。[1]因此，能否按照约定履行还本付息责任将成为考验地方政府债券成功与否的关键，而这全依赖于地方政府自身的偿债能力。

在全国范围内实行自发自还之后，我国地方政府债券融资开始进入全面发展阶段。经过几年的发展，我国还出现了地方政府债券品种上的创新。2017年6月，财政部和国土资源部发布了《地方政府土地储备专项债券管理办法(试行)》(财预〔2017〕62号)。根据该办法，我国将从2017年开始在土地储备领域开展试点，发行土地储备专项债券。土地储备专项债券的唯一合法发行主体是省级政府和计划单列市，纳入地方政府专项债务限额管理，其发行严格对应项目实施，债券本金和利息通过项目对应的政府性基金收入偿还，有利于实现项目收益和融资自求平衡。土地储备专项债券改变了此前地方政府在土地储备融资方面依赖银行贷款或企业合作的历史。以市场化的方式发行专项债券融资，需要更详细的信息披露，发行人和投资者的责权利也更清晰，利于土地的收储与供应。[2]土地储备专项债券是地方政府专项债券的一个品种，是我国首次以地方政府性基金收入项目分类发行专项债券的试点，标志着我国地方政府专项债券管理迈出了重要的一步。[3]随着我国地方政府债券的不断发展，将来肯定还会有市政基础设施专项债券、交通运输专项债券等其他新的

---

〔1〕《国务院关于加强地方政府性债务管理的意见》(国发〔2014〕43号)中在“控制和化解地方政府性债务风险”的部分提出了“要硬化预算约束，防范道德风险，地方政府对其举借的债务负有偿还责任，中央政府实行不救助原则”。

〔2〕参见一帆:《土地储备专项债券试点具备三大创新》，载《证券日报》2017年6月3日。

〔3〕参见林铉:《土地储备专项债券可遏制地方政府违法与变相举债》，载《21世纪经济报道》2017年6月2日。

专项债券品种相继问世。[1]

表2-1 我国地方政府债券模式的演变[2]

模式	中央国债转贷地方	代发代还机制	自发代还机制	自发自还机制
存在期间	1998～2004年	2009～2011年	2011～2014年	2014年至今
债券发行人	中央政府	地方政府	地方政府	地方政府
债券发行方式	财政部国债转贷	财政部代理发行	地方政府自行发行	地方政府自行发行
债券偿还方式	中央政府直接偿还	财政部代办还本付息	财政部代办还本付息	地方政府自行还本付息

〔1〕 参见李丽辉:《土地储备融资 首发专项债券》,载《人民日报》2017年6月2日,第3版。

〔2〕 严格来说,国债转贷虽然在实质上构成了地方政府性债务,其本质上仍然属于国债而不应纳入地方政府债券范畴,但此处为了连贯地介绍我国地方政府债券的演变模式,故将其一并纳入这一历程。另外,2014年以前我国存在两种地方政府债券发行模式并行的现象,一种是经国务院批准的试点地区开展的自发自还地方政府债券发行模式,另一种是试点省(市)以外的地区由财政部代发代还的地方政府债券发行模式。

第三章　我国地方政府债券融资中的突出问题及面临的发展困境

不可否认，地方债曾经为地方经济发展做出了巨大贡献，但地方债规模的不断激增也给地方政府和当地经济甚至整个经济体系埋下了不小的隐患。作为仅次于国债的政府融资手段，地方政府债券是解决地方政府财政收支矛盾、弥补地方财政赤字和发展地方新型城镇化建设项目的重要工具，有着“银边证券”之称。相比于其他融资方式，地方政府债券融资的优势在于其相对较低的融资成本。据测算，地方政府债券融资的成本约为4.25%，而企业垫资通道中的BT方式融资成本则高达15%。[1]另外，债券是成熟资本市场的融资工具，其流动性相对较好，投资者可以通过在市场上交易债券随时变现。

地方政府债券融资机制要求透明的融资程序、严格的信息披露，整个过程需要分析师、会计师、律师、承销商、评级机构、监管机构等多层主体的共同把关。此外我国还严格限制地方政府债券的发行主体，对债券发行规模和额度进行控制，一旦有失职或欺诈现象，也可以问责相应的责任机构。因此尽管地方政府债券的起点相对较高，但与其他缺乏透明度的地方政府融资方式相比，地方政府债券还是有诸多不可比拟的优势，比较

〔1〕 参见蔡书凯：《地方政府债务融资成本：现状与对策》，载《中央财经大学学报》2014年第11期。

适合于大规模的地方政府融资活动。[1]更重要的是，对于地方政府而言，发行债券融资是典型的市场行为，其所形成的市场约束和监督机制对于地方政府治理能力的提升十分有益，能够成为推动我国财政体制改革的新动力。虽然我国预算法的修改以及地方债新政的实施为地方政府债券融资的发展扫清了一些障碍，但从现实情况来看，我国地方政府通过发行地方政府债券进行融资依然面临不少问题。

第一节 我国地方政府债券融资中的制度性缺陷

地方政府债券融资是在法治框架内对地方政府信用的市场化运作。与融资平台相比，这一融资机制最大的不同就在于不再依赖于地方政府的行政权威，其运转成功与否的关键在于相应的市场制度是否完善以及在实践中能否得到严格遵守。遗憾的是，目前我国在这些方面还存在一些突出问题。

一、地方政府债券信用评级及在我国存在的问题

信用评级是地方政府在债券市场融资的前提。[2]地方政府在独立发债之前，一般应获得专业评级机构的信用评级。在国外，没有信用评级的债券一般被视为高风险债券，通常意味着较高的融资成本。[3]

（一）债券信用评级及其基本功能

评级机构是在固定收益市场上的重要角色。作为固定收益工具，[4]债券的主要风险来源于信用风险，这与发行人还本付息的能力密切相关。判断发行人的偿债能力需要对发行人财务状况及未来经营前景进行综合分析，这涉及众多因素，通常只有专业的评级机构才有能力承担此工作。尽管次贷危机引

[1] 参见朱小川：《我国地方政府债券的制度选择》，载《证券市场导报》2014年第1期。

[2] Robert J. Rhee, "On Duopoly and Compensation Games in the Credit Rating Industry", *Northwestern University Law Review*, 2013 (Fall): 86.

[3] 马骏：《以市政债制度硬化地方政府预算约束》，载《新金融》2014年第7期。

[4] 债券是固定收益工具的说法起源于其每年支付固定息票的特征。如今，债券的息票支付已经有所变化，如资产支持证券就是同一发行人发行的一系列不同档次的相关证券，每一档次支付不同的固定或浮动利息。但是通常意义上债券仍被纳入固定收益市场。

发了人们关于评级机构能否公正地开展评级业务的激烈讨论，但是不管讨论的结果如何，至少有两点可以肯定：评级机构依然会继续存在，它们将是金融基础设施永久的组成部分，[1]并为法律监管和市场功能服务；对于评级机构的监管改革势在必行，已经发生的法制变革或许就是未来立法将使评级机构接受更多监管的一个信号，或者是致力于削弱信用评级体系重要性的一种政策倾向。[2]

根据国际证券交易委员会（International Organization of Securities Commissions，IOSCO）的定义，信用评级是关于企业、信贷许诺、债券、类似可交易证券或者这些有价证券的发行人，借助已建立、定义的排序系统发表的意见。[3]信用评级不是针对单个债券的买入与卖出的推荐，也不是对市场预期所作的评论。尽管评级机构的信用分析的确考虑了整个市场以及经济的运行状况，但信用评级的最终目的是对债券发行人的财务状况和偿付能力给出评价。[4]几乎所有的评级机构都是根据相对而非绝对的违约概率进行评级。[5]评级机构的能力究竟有多么强大？一个重要的评级机构的分析师在一封关于结构性金融产品的电子邮件中曾经戏言："哪怕由奶牛构成的投资组合我们也能给出评级。"[6]

发端于债券市场上的信用评级，如今已经远远突破了为债券发行人及其所发行债券的信用等级进行评定的业务局限，五花八门的金融产品、金融机构、公司企业、政府组织，甚至国家主权都可以被纳入评级范围。评级机构所拥有的定价功能使其能够掌握企业和金融市场的生杀大权，[7]乃至撬动整个

---

〔1〕 See John C. Coffee, Jr., "Ratings Reform: the Good, the Bad, and the Ugly", *Harvard Business Law Review*, Vol.1, 2011: 231–278.

〔2〕 See Robert J. Rhee, "Why Rredit Rating Agencies Exist", *Economic Notes*, Vol.44, Issue 2, 2015: 161–176.

〔3〕 参见［德］乌尔里克·霍斯特曼：《评级机构的秘密权力》，王煦逸译，上海财经大学出版社2015年版，第1页。

〔4〕 参见［英］莫拉德·乔德里：《债券市场导论》（第3版），杨农、蒋敏杰等译，清华大学出版社2013年版，第171页。

〔5〕 See Carol Ann Frost, "Credit Rating Agencies in Capital Markets: A Review of Research Evidence on Selected Criticisms of the Agencies", March 15, 2006, http://ssrn.com/abstract=904077.

〔6〕 Patrick Bolton, Xavier Freixas, Joel Shapiro, "The Credit Ratings Game", *The Journal of Finance*, Vol.67, Issue 1, 2012: 85–111.

〔7〕 参见郑良芳：《信用评级权失控严重威胁国家经济金融安全》，载《国家行政学院学报》2010年第4期。

国家和经济实体。评级机构所拥有的“给出评级并进行调整”的权力，恐怕是资本市场上最具杀伤力的“武器”之一。以至于《纽约时报》的专栏作家托马斯·弗雷德曼（Thomas L. Friedman，1953-）曾经在一次采访中甚至将评级机构视为与美国同等的超级权力的拥有者。[1]

尽管评级机构拥有的权力如此强大，但其基本功能和存在理由无非在于两个方面。其一，评级机构能够减轻发行人和投资者之间的信息不对称现象从而能够解决“柠檬市场”问题；其二，评级机构能够减少监管成本。[2]评级机构的这两个基本功能决定了其作为金融市场看门人，通过其专业技能向投资者揭示金融产品风险的角色定位。正是由于在风险揭示方面具有不可替代的作用，评级机构才越来越多地成为各国监管机构的协助者。[3]

（二）地方政府债券信用评级法律制度

地方政府债券是对地方政府信用的市场化运作，而政府信用是当政府作为借贷活动中债务人一方时承诺偿还债务的能力与意愿。然而，存在于债券发行人与认购方之间的信息不对称，以及地方政府偿债资产与收入来源的不确定性导致了信用风险的产生。在政府债券的发行中，除了基于经济状况的支付能力之外，发行人遵守债务义务的政治意愿也需要得到证实，但众所周知支付意愿通常是有问题的。令人震惊的是，评级机构的判断多半会追随或趋同于某个有代表性的观点。[4]地方政府信用评级是指对地方政府所负债务能否按约如期还本付息的能力以及可信任程度的综合评估和对其偿债风险的综合分析。[5]关于地方政府的信用评级通常包括两个方面，即地方政府主体的信用评级和地方政府所发行债券的评级。地方政府主体信用水平的考量因素

---

〔1〕 弗雷德曼是美国公认最有影响力的新闻工作者，曾三次获得普利策新闻奖，如今是普利策奖的终身评审，同时还是哈佛大学的客座教授。这一评价出自1996年弗雷德曼和《美国新闻与世界报道》的专题编辑大卫·格根（David Gergen）在一次题为“自由市场社会”（Free Market Society）的访谈。弗雷德曼关于评级机构权力的完整评价如下：“在我看来，当今世界有两个超级权力拥有者。一个是美国，另一个是穆迪债券评级服务。美国能用原子弹摧毁你，而穆迪可以通过降低你的债券评级摧毁你。相信我，有时候并不清楚谁的权力更大一些。”

〔2〕 Robert J. Rhee, “Why Credit Rating Agencies Exist”, *Economic Notes*, Vol.44, Issue 2, 2015: 61-176.

〔3〕 参见倪受彬、施丹婷：《金融危机背景下信用评级机构的法律责任问题初探》，载《社会科学》2009年第8期。

〔4〕 参见［德］乌尔里克·霍斯特曼：《评级机构的秘密权力》，王煦逸译，上海财经大学出版社2015年版，序言第2页。

〔5〕 参见李振宇、李信宏、邵立强：《资信评级原理》，中国方正出版社2003年版，第4～7页。

很多，但主要指标包括主体的财政状况，即政府偿债能力、政府辖区内3～5年GDP水平、辖区人均可支配收入、社会消费品零售额、城镇化率、经济开放程度、资本市场发展程度、地区经济构成与产业结构等。从三大国际评级机构对地方政府债券的评级方法来看，[1]地方政府的最终信用评级主要受三个重要因素的制约，即所在国家的体制、地方政府自身信用水平以及上级政府的支持方式。地方政府债券评级的本质是对地方政府及其所发行债券信用风险程度的综合分析，宏观经济、财政管理体制、地方经济的增长与发展以及地方政府的财政状况等都是影响地方政府债券评级的重要因素。

尽管信用评级如今已经成为金融监管的一种重要工具和内容，但事实上在债券市场发展的初期信用评级其实带有很大的偶然性。从美国、日本等地方政府债券市场相对成熟国家的经验来看，起初对地方政府债券并没有信用评级的强制性要求。20世纪30年代美国经济大萧条时期，大量市政债券违约，其中将近一半是被穆迪公司评定为AAA级即最高信用等级的市政债券，而违约的市政债券中80%左右的信用评级在AA级以上。一位创始人这样评价当时市政债券的信用评级："表面化和无经验是那时市政债券信用评级的主要特征。穆迪公司的职员最多只有4人。"[2]日本的地方政府债券最早可追溯至明治初年。日本早在1879年便确立了"举借地方政府债必须通过议会决定"的原则，其地方政府债券包括地方公债和公共企业债两种类型，前者为日本地方政府债券制度的主体。作为单一制国家，日本对各地方政府举债实行严格的协议审批制度，同时对地方政府债券的发行进行计划管理。严格来讲，日本的地方政府公债并不是市场化运作的债券类型，其发债的规模与利率也并未采取市场化渠道来实现，因此不存在真正意义上的地方政府债券评级。[3]

2008年的金融危机之后，由于地方政府债券违约率的上升，为了提高地方政府债券的认可度，在美国和日本的地方政府债券市场上进行信用评级的债券比例大幅增加。例如，2011年美国当年发行的经三大评级机构评级的地方政府债券期数占当年发行总量的80%，而日本2012年52个发行市场公募债的

〔1〕 三大国际评级机构或国际评级行业"三巨头"是指穆迪投资者服务公司（Moody's Investors Service）、标准普尔（Standard & Poor's）和惠誉（Fitch Ratings）。

〔2〕 参见杨萍：《国外地方政府债券市场的发展经验》，载《经济社会体制比较》2004年第1期。

〔3〕 参见苏英：《地方政府债券信用评级研究综述》，载《改革与战略》2010年第5期。

地方政府中约48%的地方政府进行了信用评级，有5个地方政府甚至采用了双评级。[1]美国在实行了债券信用等级制度后，许多影响州和地方政府负债的因素都被综合纳入了信用等级评价中，使美国市政债券的利率与债券信用等级密切相关，各州和地方政府也因此十分重视信用等级。

由于地方政府的运行涉及财政、金融、债务和政府治理等不同的维度和视角，因此地方政府债券不同于一般上市企业，其风险识别有一定难度，而信用评级则可以发挥信息披露、风险揭示和价格发现等方面的功能和作用，帮助投资者识别和判断地方政府债券风险。因此，信用评级是地方政府进行债券市场融资的前提，它会影响发行债券的初级市场和二级市场上的交易价格以及投资者的风险预期。[2]从国外地方政府债券的经验来看，信用评级法律制度对于客观真实地反映地方政府的信用风险特征，提高地方政府的信息公开及其透明度，将地方政府举债融资的行为活动置于市场的广泛监督之下有着极大的促进作用。[3]在某种程度上，可以说信用评级就是揭示地方政府信用风险的"晴雨表"。

（三）我国地方政府债券评级中的现实问题

地方政府债券评级在我国尚属于新鲜事物。正如每个新生事物在诞生之初几乎总会面临一个时期的信任危机，当前我国地方政府债券评级制度也因评级过程的形式化、评级结果的千篇一律以及评级机构对地方政府发行人的妥协态度而深受公众质疑。

1.地方政府债券评级备受质疑

2014年5月，随着地方政府债券自发自还试点的正式启动，我国真正意义上的地方政府债券序幕终于被拉开。根据《2014年地方政府债券自发自还试点办法》(财库〔2014〕57号)，试点地区要开展地方政府债券信用评级，[4]这是我国地方政府债券体系首次引入信用评级制度。随后，财政部于2014年6月发

〔1〕 参见刘宝亮：《专家：以主权信用等级为基准，对地方债采取差别化评级》，载《中国经济导报》2014年12月2日。

〔2〕 See Robert J. Rhee, "On Duopoly and Compensation Games in the Credit Rating Industry", *Northwestern University Law Review*, 2013 (Fall): 86.

〔3〕 参见杨勤宇、张天硕：《地方政府债券信用评级制度构想》，载《金融市场研究》2011年第11期。

〔4〕 关于信用评级的规定体现在第6条和第7条。其中第6条规定："试点地区按照有关规定开展债券信用评级，择优选择信用评级机构。试点地区与信用评级机构签署信用评级协议，明确双方权利和义务。"第7条规定："信用评级机构按照独立、客观、公正的原则开展信用评级工作，遵守信用评级规定与业务规范，及时发布信用评级报告。"除了这两条以外，第22条还作出了试点地区应将本地区政府债券信用评级等有关规定及时报财政部备案的规定。

布了《关于2014年地方政府债券自发自还试点信用评级工作的指导意见》，对于自发自还地方政府债券的信用评级进行了总体的框架规定。但2014年自发自还地方政府债券的最终评级却显示，10个试点省市地区的评级结果全部为最高信用级别AAA级，这种丝毫不能体现发债主体所在地区以及财政经济差异性的评级结果自然引发了市场的一片哗然。在市政债券的起源地美国，其信用评级的分布结果通常呈现标准的正态分布，级别中枢为AA—A，不同行业所表现出来的信用级别也呈现出一定的差异。[1]我国毫无差异性的地方政府债券评级引发了市场的广泛质疑——评级机构在地方政府债券评级中如何做到公正客观，是否存在评级虚高的问题？

2.形式化的评级过程与千篇一律的评级结果

2015年3月，财政部发布了《关于做好2015年地方政府一般债券发行工作的通知》(财库〔2015〕68号)，规定一般债券只进行债项信用评级，评级机构应对影响一般债券的诸多信用风险因素进行分析研究，并就债券发行人按时、足额偿还债券的能力和意愿出具意见。这一规定厘清了一般债券信用评级的评价对象。该通知还提出了一般债券的首次评级和跟踪评级，其中提出了“规范开展一般债券债项信用评级工作”的要求，规定一般债券信用评级的等级划分为三等九级，以符合AAA、AA、A、BBB、BB、B、CCC、CC、C来表示，另外还提出AAA级可用“-”符号进行微调，表示信用等级略低于本等级；AA级至B级可用“+”或“-”符号进行微调，表示信用等级略高于或略低于本等级。这可以视为财政部对地方政府债券信用评级遭遇市场质疑的一种回应，也是对评级机构开展地方政府债券差异化评级的一种引导。但遗憾的是，2015年全年共34个发行主体发行的地方政府债券评级结果仍均为AAA级。[2]2016年35个发行主体发行的地方政府一般债券评级依然全部为AAA级。[3]自2014年我国实行地方债评级以来从没有发生过债券级别调整的情况，地方政府债券信用评级依旧未能摆脱无差异评级的套路。

在国际评级业务中，评级费用通常较为高昂。例如在欧洲地区，通常评级

---

〔1〕 参见宋伟健、霍志辉:《美国市政债为我国地方债发展提供借鉴》，载《中国经济导刊》2015年8月4日。

〔2〕 34个发行主体指除西藏自治区外的30个省(市、区)以及大连、青岛、宁波、厦门四个计划单列市。

〔3〕 35个发行主体是在2015年的基础上增加了西藏自治区。

的基础价格为2万欧元起，如果再加上和发行量有关的报酬以及每年的费用，则可能更高。高昂的评级费用使信用评级几乎成为一项奢侈的业务。[1]以标准普尔为例，无论是对于优先的无担保证券发行人，还是CP项目抑或长期负债、优先股和私人投资，首次评级的费用都高达5万～12.5万欧元，此外还有每年4万欧元以上的检测费用。穆迪和惠誉的收费虽然比标准普尔低，但发行人也需支付近10万欧元的首次评级费用和每年检测的费用。但我国却发生了一些反差。我国债券融资中的首次评级费用一般为25万元，包括10万元的主体评级费用和15万元的债项评级费用，债券年度跟踪评级费用在5万元左右，评级费用不随发债金额大小而波动。[2]这与美欧等市场上的评级费用本就存在差距，而在地方政府债券评级中，一些评级公司甚至愿意以远低于信用评级机构招标预算的价格中标地方政府债券评级选题。[3]

随着地方政府债券市场的迅速发展，信用评级机构之间的竞争也愈发激烈，而“价格战”成为从众多竞争者中胜出的制胜秘籍。然而从经济学角度来看，任何通过不公平地减少竞争对手业务以达到抑制其发展目的的评级行为都是反竞争行为。[4]评级机构为何不惜以低于评级成本的价格中标地方政府债券选题？这其中的秘密也折射了我国地方政府债券评级存在的一些问题。一种较为普遍的看法是，我国地方政府违约的概率极低，地方政府债券是一个违约风险非常小的金融产品。相对于其他信用债的发行人而言，地方政府往往拥有更多的资金及资源优势，其偿债能力一般是有保证的。因此，评级机构对于地方政府违约的后果无需担心，评级本身的象征意义更大于实质意义。对于评级机构来说，地方政府债券评级的过程更像是“走个过场”，给各方一个满意的结果。[5]

然而从各种数据来看，一些地方政府的财政状况其实是十分令人担忧的，

---

〔1〕 参见［德］乌尔里克·霍斯特曼：《评级机构的秘密权力》，王煦逸译，上海财经大学出版社2015年版，第27页。

〔2〕 彭星：《我国债券评级市场发展研究》，载《武汉金融》2015年第6期。

〔3〕 如2015年4月东方金诚国际信用评估有限公司就以8万元人民币的低价中标山西省政府债券评级选题，此前该公司还以5万元的更低价中标安徽省政府债券评级选题。而2015年安徽省政府债券信用评级机构招标选题在竞争性磋商中给出的选题预算为55万元，最终中标价远远低于该预算。

〔4〕 参见高汉：《金融创新背景下的信用评级及监管的法律经济学分析》，法律出版社2012年版，第142页。

〔5〕 参见曹力水：《地方债评级市场竞争日趋激烈 信用评级机制需优化》，载http://finance.ifeng.com/a/20150520/13718345_0.shtml，2016年4月11日访问。

2013年的审计结果显示部分地方政府的负债率已经超出了国际警戒线。在地方政府债务负担如此沉重，中央实施不救助原则的背景下，地方政府发生违约而由投资者承担风险的可能性是存在的。除去宏观经济和财政管理体制等共同因素外，各地方政府的经济发展与财政状况往往大相径庭，但所获评级却皆为最高的AAA级，这种毫无差异的地方政府债券评级结果自然难以取信于人。对此，有评级机构业务人员解释AAA级的信用评级针对的是被评级的债券，而不是作为债券发行人的地方政府主体的信用，因此不能以各地发达程度作为评定债券等级的依据。也有观点认为，首批试点的10个省市地方政府均具有较强的偿债能力和财富创造能力，故能够获得最高信用评级。[1]

前文提及，地方政府债券评级需要诸多因素的参与，其中最关键的当属地方政府的财政经济实力。在进行评级前，评级机构的分析师需要通过各种公开渠道搜集地方政府在财政、经济及金融等方面的信息，但这种信息搜集的结果往往并不理想。开始评级后，地方政府向评级机构提供的政府工作报告以及预决算报告等信息一般也不会超出公开的范畴。而对于评级至关重要的政府资产负债表，在我国当前的地方债评级中几乎还处于"缺席"的状态。参与地方政府债券评级的分析师表示，偶尔能见到地方政府的资产负债表简直就是一种"惊喜"。[2]资产负债表的缺失使得评级机构在地方政府债券评级中不得不降低对资产因素的考虑，在所采取的评级方法体系中也往往不将资产负债表作为评级的必需材料。而全球评级权威机构标准普尔早在1980年就发布报告称，现金制基础的财务报告无法为债券评级提供所需信息，资产负债表的"缺席"会对债券评级产生负面影响。[3]

3.评级机构沦为地方政府的合作伙伴

评级机构是地方政府债券的主要参与者，其主要责任是作为独立第三方对地方政府债券进行评级，保证评级结果的客观公正性。作为一种信息中介，评级机构还可以代替投资者充当被评级对象监督者的角色。通过对被评级对象的信息甄别，评级机构给出信用评级的结果，投资者将该评级结果作为了

〔1〕 参见陈益刊、楚靖慧、杨燕:《地方债自发自还试点均获3A级 专家称可信度不高》，载http://finance.sina.com.cn/money/bond/20140911/072120262147.shtml，2016年1月23日访问。

〔2〕 参见杨志锦:《一位分析师眼中的评级"江湖"：100份AAA级地方债评级如何出炉》，载《21世纪经济报道》2015年9月8日。

〔3〕 参见罗晶晶:《地方债评级，资产负债表不能缺席》，载《中国会计报》2014年8月29日。

解被评级对象的重要信息渠道，正因如此，评级机构通常被视为外部的“守护人”而在金融市场占据重要地位。

引入评级制度本意是为我国地方债管理注入更多市场约束力量，使地方政府债券的运作机制更加公开透明，但尴尬的是目前我国地方政府债券信用评级距离这一预期目的似乎颇为遥远。丝毫不能体现地区差异性的地方政府债券信用评级不仅饱受市场质疑，还被贴上了“花瓶”“走过场”等负面标签。事实上，信用评级结果的公正性与评级机构的独立性问题一直相伴而生，人们质疑评级结果的现象不只发生在中国，也不只限于地方政府债券，这是全球信用评级行业面临的一个共同问题。只不过，我国地方政府债券的评级问题更加突出。正如财政部一位官员所说的那样：“……地方政府花钱请评级公司评级，评级结果不如政府预期后，就直接干预评级公司，评级公司则上调了评级。”

目前我国虽有50余家评级机构，但却存在评级机构小而杂、多而乱、低水平重复建设等严重问题。经过清理整顿和竞争整合，目前形成了具有较大影响力的“五大”国内评级机构，即大公国际资信评估公司、上海新世纪资信评估投资公司、联合资信评估公司、中诚信国际信用评级公司以及东方金诚国际信用评估公司。在“五大”机构之外的其余评级机构多属于地方性小公司，在全国缺乏广泛的影响力，多依赖于地方或部门保护主义的庇护而生存，既没能形成经得起市场考验的评级方法，也缺乏核心竞争力，存在虚高评级、以价定级和不当竞争等问题。而为我国地方政府债券进行评级的皆为本土评级公司，面对强势的地方政府和出于对日后业务的考量，评级机构不敢不看政府眼色，本应作为独立第三方的评级机构实际上变成了地方政府的合作伙伴。[1]

二、地方政府债券信息披露与我国地方政府资产负债信息的公开问题

信息是决策的基础，没有正确和充分的信息，就会出现决策失误或不当。[2]在证券市场上，投资者须自行作出投资决策并对其负责，但前提是投资者能够掌握决策所需的充分而有效的信息。债券是面向社会公众发行的债务

---

〔1〕 参见梁发芾：《地方政府信用评级如何取信于人》，载《中国经营报》2014年6月16日。

〔2〕 参见应飞虎：《经营者信息披露制度研究》，载李昌麒主编：《经济法论坛》（第1卷），群众出版社2003年版。

凭证，准确、及时、充分、真实地进行信息披露是债券发行人的当然责任。[1]信息披露制度是以发行人为主线、多方主体共同参与的一项制度。与其他债券类型不同，地方政府债券信息披露主体不仅应定期公开其资产运营及财务信息，还应向公众充分披露其资产负债结构与风险。[2]

作为公共意志的代表者，政府本不应有自己的特殊利益。对于当地民众而言，政府没有财产方面的隐私权。地方政府应向民众公开其财产收支和债务融资情况，尤其当地方政府成为债券发行人时，更应充分、及时、准确地向投资者和社会公众披露相关信息，以便于投资者作出投资决定和公众监督地方政府。然而，由于目前我国对于地方政府债券发行的信息披露要求较低，作为发行人的地方政府既不提供资产负债表，也不对外公开其损益表和现金流量表，成为我国地方政府债券信息披露的巨大障碍。

根据债券市场要求，地方政府作为发行主体需要提供全口径财政数据，做到财政数据公开、透明，但目前我国大部分地方政府无法满足这一要求。长久以来，我国地方政府虽然深度介入经济活动，但资本经营预算却十分不完整，大多数地方政府的静态全口径财政状况其实是一笔糊涂账，缺乏发债所需的信息。[3]我国自2011年开始进行地方政府资产负债表的试编，目前试编工作已进入第7个年头，但该报表还从未向外界公布。

与所有的有价证券相同，地方政府债券发行人的财务状况对于所发行债券能否如约还本付息有着至关重要的影响。作为投资者，自然十分关注地方政府的财务信息。因此，作为发行人的地方政府财务情况是地方政府债券信息披露制度的一项重要内容。尤其在当前深化财税体制改革的背景下，财务信息就是地方政府资产负债的显微镜，它能够全面反映政府行政运行状况，提高宏观经济决策和公共管理的科学性。可以说，在某种意义上财务信息披露是提高政府绩效水平和客观评价地方政府投资行为的基石。[4]我国关于地方政府债券信息披露的规定还不够健全。预算法在法律层面要求地方政府的预算要在规定时期内全面公开，地方政府应对其举债情况进行说明。但目前我国

---

〔1〕 参见张宇润：《试论证券权利的性质及其规制路径》，载《江淮论坛》2011年第1期。
〔2〕 参见冯兴元、李晓佳：《地方政府负债问题与市政债券的规则》，载《学术界》2013年第10期。
〔3〕 参见李晓安：《地方政府债券发行的法律约束分析》，载《人民论坛》2013年第18期。
〔4〕 参见刘子怡、陈志斌：《政府财务信息披露、绩效评价与地方政府投资行为》，载《人文杂志》2014年第11期。

关于地方政府债券信息披露规则的法律层级较低，主要是财政部制定的部门规章和规范性文件，[1]这些关于地方政府债券的信息披露规则主要存在两个方面的缺陷：一是信息披露的内容还不够具体和翔实，使投资者难以把握所筹集资金使用的具体情况以及政府真实的偿债能力；二是关于信息披露时效的规定，"及时"和"持续性"要求显得有些笼统，因为信息披露是涵盖发行环节、流通环节、偿还本息环节整个过程的，而持续性的信息披露包括年度报告、中期报告和临时报告，究竟该如何理解"持续性"尚待解答。[2]

三、我国地方政府债券违约与债务偿还机制问题

违约虽是一个法律上的概念，但其含义却十分广泛，概指"不履行法律责任或未能履行某项法定或合同义务，尤指不能履行到期债务"。[3]可以说，"任何与法律、合同规定的义务不相符合的行为，均可以被认为是违约"。[4]发行人须按照约定条件还本付息被认为是债券区别于股票等其他直接融资工具的根本特征，然而任何债券都存在发行人违约的可能性。广义上的债券违约是指发行人对债券发行契约即发行人、债券持有人及托管人之间的正式合约中任何条款的违背，既包括发行人未能如约履行本息兑付义务，还可能包括发行人增加对外担保、转让重大资产以及整体负债规模超限等其他违反合同约定的情况。[5]这里所讨论的主要是狭义上的债券违约现象，即实践中最常见的债券发行人不能如约支付本息的情况。[6]

---

〔1〕 目前我国关于地方政府债券信息披露的规则主要体现在财政部发布的一系列部门规章和规范性文件中。其中，2014年财政部发布了《关于2014年地方政府债券自发自还试点信息披露工作的指导意见》（财库〔2014〕69号），对2014年地方政府债券信息披露工作作出了规定。2015年，财政部分别发布了《地方政府一般债券发行管理暂行办法》（财库〔2015〕64号），其中关于一般债券的信息披露体现在第8条和第9条，此外还发布了《地方政府专项债券发行管理暂行办法》（财库〔2015〕83号），关于专项债券的信息披露体现在第9、10、11条。两个暂行办法仅对信息披露作出了遵循诚信原则，不得有虚假记载、误导性陈述或重大遗漏的要求，但关于违反这些信息披露要求的法律责任却未加规定，不得不说这是地方政府债券信息披露制度的一个明显缺陷。

〔2〕 参见张宇润：《地方债券化解地方政府债务结风险的法律思考》，载《江淮论坛》2016年第1期。

〔3〕 Bryan A. Garner, *Black's Law Dictionary*（*Tenth Edition*）, Thomson Reuters, 2014: 507.

〔4〕 王利明：《论根本违约与合同关系的解除》，载《中国法学》1995年第3期。

〔5〕 参见中债资信政策研究团队：《债券违约！投资者应了解的四件事》，载http://chuansong.me/n/1625584，2015年11月11日访问。

〔6〕 参见窦鹏娟：《新常态下我国公司债券违约问题及其解决的法治逻辑》，载《法学评论》2016年第2期。

（一）地方政府债券违约及在国外市场的情况

债券的主要风险来源于信用风险，这与发行人还本付息的能力密切相关。债券违约本是债券市场化运作的必然结果之一，[1]理论上来讲，地方政府与债券市场上的其他发行主体并无根本区别，都有发生违约的可能性。美国的市政债券体制相对成熟和完善，市政债券通常被认为是最安全的投资工具，但美国历史上也曾多次发生市政债券违约事件，有些地方政府甚至因债务违约而导致市政破产。[2]纽约联储的经济学家表示，大多数人认为市政债券的违约率低是因为他们往往只能看到这一市场上拥有评级的品种，当追踪至更大范围的市政债券样本，将未获评级的债券品种也包括在内时，就会发现“大部分违约发生在未被评级的市场”，过去40余年市政债券的违约率要比人们印象中的数字高出40倍。根据摩根大通的统计数据，在1940～1994年的55年间，美国有记录的市政债券违约事件共有2020件，平均违约概率仅为0.5%。但纽约联储通过对拥有评级和没有评级的债券样本进行研究，得出市政债券的整体违约率约为4.5%。穆迪称1970～2011年美国仅有71款市政债券发生违约，而纽约联储报告得出的同一时期的数据是2521款。[3]同时，在这一时期美国有6个城市或县因为债务违约发生了市政破产。

在日本，地方公债是地方政府财政收入的第三大来源。虽然地方公债的发行为日本地方政府承担行政服务和开展公益事业弥补了资金上的不足，但自进入21世纪以来，地方公债的激增也给日本带来了债券违约甚至导致地方政府破产的问题。2006年6月，位于日本北海道的夕张市宣布财政破产，申请“财政重建团体”并接受中央政府的监督指导。事实上，这并不是日本第一个申请财政破产的地方政府。日本历史上有记载的地方政府财政破产事件将近900起，但地方政府的债务从未被豁免过，而是由中央政府代为偿还。这也是银行不论地方政府的财政状况如何都愿意向其提供贷款的重要原因所在，日本有学者表示如果允许地方政府违约将对银行产生巨大冲击。[4]

---

〔1〕 参见吴伟央：《债券违约应对处理法律机制探析》，载《证券法苑》（2014）第13卷。

〔2〕 参见顾巧明、邱毅：《我国地方政府债券信用风险测度研究》，载《财经论丛》2017年第7期。

〔3〕 参见米小兜：《纽约联储：市政债券违约率远超人们印象》，载http://wallstreetcn.com/node/17159，2016年3月18日访问。

〔4〕 参见王慧卿：《日本愁对地方政府巨额负债》，载《第一财经日报》2006年8月22日。

（二）我国地方政府债券的违约风险

地方政府性债务风险在本质上是由地方政府资产价值变动所引起的，而资本市场的动荡以及财政收支的变动等都是引起地方政府资产价值变动的因素。有学者采用实证分析的方法，研究得出目前我国地方政府性债务风险总体可控，但当地方政府债务规模持续增长且资产价值不断缩减时，将会导致地方政府债务风险的加速恶化，甚至出现地方政府违约现象。[1]2013年12月30日审计署公布的《全国政府性债务审计结果》显示，截至2012年年底，有3个省级、99个市级、195个县级、3465个乡镇政府负有偿还责任债务的债务率高于100%；其中2个省级、31个市级、29个县级、148个乡镇政府2012年负有偿还责任债务的借新还旧率超过20%。财政部和省市政府会对地市、区县的债务率进行评估，当一般债务率或专项债务率达到100%时就会触发风险预警。分地区来看，我国西南和西北地区的负债率高于其他地区，而这两个地区的经济发展却相对比较滞后，财政收入来源也相对较少，因此债务负担较重，债务风险相对较高。随着地方债务偿债高峰期的逐渐到来，那些偿债负担较重的地区发生违约风险的可能性不容忽视。

国内有学者通过实证研究发现，2016～2019年28个省份将进入偿债高峰年，其中青海、甘肃的违约风险相对较大，安徽、海南、四川、宁夏、新疆、黑龙江和浙江的违约风险次之。[2]偿债能力是决定地方政府能否按时清偿到期债务的基本因素，财政偿债能力孱弱的地方政府很可能会在偿债密集期到来时发生偿付困难，并将其偿债责任向上转嫁从而形成不断蔓延的债务危机。[3]还有学者通过实证方法，对2005～2012年我国31个省区财政偿债能力进行了量化评级，结果显示，高偿债能力和中等偿债能力的省区各有10个，而低偿债能力的省区则有11个。[4]我国当前已经进入经济新常态，经济增速放缓，经济下行压力增大，受此影响财政收入形势不容乐观，财政收支矛盾凸显，在一些债务

---

〔1〕 参见潘志斌：《地方政府债务规模、资产价值与债务风险》，载《华东师范大学学报》（哲学社会科学版）2014年第3期。

〔2〕 参见曹萍：《基于KMV模型的地方政府债券违约风险分析》，载《证券市场导报》2015年第8期。

〔3〕 参见郭玉清、袁静、李永宁：《中国各省区财政偿债能力的比较与演进：2005—2012》，载《财贸研究》2015年第1期。

〔4〕 参见张平：《后土地财政时代我国地方政府偿债问题研究》，载《当代财经》2013年第1期。

规模比较大的地区，发生局部风险的可能性是比较大的。〔1〕

地方政府性债务引发的赤字财政也会对地方政府的信用产生政治上的不良影响。赤字财政的政治影响之一就是会影响公众对政府的信心与支持，持续的财政赤字可能会使公民觉得政府正在失控，难以胜任治国理政的重托。〔2〕庆幸的是，国家对于地方政府性债务风险有着清醒的认识，国务院办公厅于2016年10月制定了《地方政府性债务风险应急处置预案》，对未来近17万亿的地方政府性债务和8万多亿的地方政府或有债务可能出现的风险，规定了应急处置工作机制，以"牢牢守住不发生区域性系统性风险的底线，切实防范和化解财政金融风险，维护经济安全和社会稳定"。当然，预案的出台并不意味着我国地方政府真的会发生危机，其主要意义在于预防性。

（三）我国地方政府债券债务偿还机制面临的问题

地方债务规模的高企以及地方政府债券违约风险的存在，使得我国地方政府债券在债务偿还机制方面面临一些问题，主要表现在如下方面。

1.我国地方政府的财政困境与土地偿债困局

当前，我国经济已经由高速增长逐步进入中高速增长的经济"新常态"，在这一宏观背景下，地方财政收入的增速势必放缓甚至下降。事实上，近年来随着财政收入增幅的逐渐放缓，地方政府的财政收支压力进一步加大，这加剧了其财政运转的困难局面。在一些收入下滑比较严重的地区，突出的收支矛盾已经成为制约地方经济建设和社会发展的巨大障碍。财政赤字和举借债务将成为地方政府财政运行的"新常态"。在这一形势下，地方政府可用于偿债的财力必然会受到较大影响，这将使地方债务的风险进一步加剧，财政部实施的地方债务置换虽然能够在很大程度上化解短期违约风险与流动性风险，但由于地方债务并没有因债务置换而从根本上减少，因此从长期来看地方政府性债务的信用风险依然存在。

事实上，我国地方政府的财政困境由来已久。国务院发展研究中心2002年发布的《关注我国县乡的公共财政危机》调查报告显示，全国县和乡镇两级政府的负债总数估计为5000亿元左右，全国大范围地区的县乡已严重入不敷

〔1〕 参见沙璐：《个别地方政府举债发放养老金》，载http://epaper.bjnews.com.cn/html/2015-12/23/content_615004.htm? div=-1，2016年3月22日访问。

〔2〕 参见［美］B.盖伊·彼得斯：《税收政治学》，郭为桂、黄宁鹰译，江苏人民出版社2008年版。

出，面临严峻的财政公共危机。这不但严重影响了基层政权的运转和农村政治社会的稳定，使许多县乡已经从传统意义上的“吃饭财政”恶化为更加艰难的“讨饭财政”。[1]从2009年到2015年，地方公共财政预算内赤字从2000亿元增长到5000亿元，[2]从2011年起开始地方政府需要支付债券发行的本金，数据显示2015年的地方财政状况不容乐观，地方政府已经没有可偿债资金来缩减存量债务的绝对规模，只能通过GDP的增长使其相对规模缩小。因此，GDP的增长所带来的负债率降低是否能够抵消财政赤字和利息支出所带来的负债率的增加，就成为决定地方财政、地方债务可否持续的关键。[3]

地方政府性债务的未来发展趋势与地方政府的财政缺口密切相关，而财政缺口的大小又依赖于央地关系的调整。从当前央地关系的进一步调整来看，我国对于财政体制的进一步改革仍然着眼于强化中央集权管理。[4]而2012年开始实施的“营改增”改革将可能使地方政府的税收收入进一步减少，有学者研究估计此项改革将可能使地方政府减少约1200亿元的税收收入，[5]另有学者根据此数据经模型估算“营改增”将导致增加3600亿元的地方政府性债务。[6]

自1998年我国实行住房制度改革以来，通过出让国有土地使用权获得的土地出让金成为我国绝大多数地方政府的主要财政收入来源。地方政府的收入结构对于土地收入的严重依赖是不争的事实，土地出让金的多寡成为决定地方政府能否偿还债务的重要指标。然而，土地出让金作为一次性的收入，主要应用于解决一时性的地方财政困难，如用于经常性开支则会造成地方政府

---

〔1〕 参见韩俊:《县乡公共财政危机影响农村稳定》，载《中国经济时报》2002年12月12日。

〔2〕 事实上，在新《预算法》实施之前是不存在所谓的地方政府财政赤字的，因为1994年《预算法》规定地方各级预算不列赤字。2015年中央安排的5000亿元的地方财政赤字才是真正意义上的合法的地方财政赤字的开始。

〔3〕 参见刁伟涛:《“十三五”时期我国地方政府债务风险评估：负债总量与期限结构》，载《中央财经大学学报》2016年第3期。

〔4〕 根据2016年8月发布的《国务院关于推进中央与地方财政事权和支出责任划分改革的指导意见》(国发〔2016〕49号)，中央对于财政事权的确认和划分具有决定权，针对支出责任与财政事权的适应性问题，提出了按照“谁的财政事权谁承担支出责任”的原则确定各级地方政府支出责任。这是我国对央地关系进一步调整的重要举措，但是否能够解决分税制以来中央与地方在财政事权与支出责任方面的矛盾还有待实践检验。

〔5〕 参见胡怡建、田志伟:《我国营改增的财政经济效应》，载《税务研究》2014年第1期。

〔6〕 参见庞保庆、陈硕:《央地财政格局下的地方政府债务成因、规模及风险》，载《经济社会体制比较》2015年第5期。

对土地财政的依赖，增加地方政府财政风险，而且土地资源的稀缺性也决定了地方政府土地财政模式的不可持续性。财政部《2015年全国土地出让收支情况》显示，2015年全国缴入国库的土地出让收入为33，657.73亿元，而2014年的数据为42，940.3亿元，同比下降了21.6%。随着土地资本化收益分配体系的不断完善，以及国家房地产调控效果的逐渐显现，土地财政赖以生存的市场环境将会发生根本改变。

2.中央对于地方债务危机"救"与"不救"的两难选择

土地资源的稀缺性决定了，伴随着城市化进程的不断加快，可利用的土地资源将逐步被耗尽。近年来的事实也已经证明，对于地方政府而言，土地财政时期正在逐渐退出历史舞台，由此带来的一个重要问题是，土地财政对地方政府财力支持作用的减弱使地方政府债务的偿还更加棘手。在地方政府偿债能力有限的前提下，如果无法保证经济持续高速增长，则地方的偿债能力将进一步削弱。当个别地方政府债务出现问题时，必然累及中央财政。〔1〕于是就会出现这样一个问题，当发生地方债务危机时，中央"救"还是"不救"？

国务院43号文确立的中央不兜底的政策立场尽管有利于防范地方政府的道德风险，能够减轻地方政府与中央政府间不必要的博弈，倒逼地方政府在发债时秉持审慎态度，这固然彰显了"谁举债，谁负责"的市场逻辑。〔2〕但值得探讨的是，在我国当前的政治经济体制以及财政分权的模式下，中央对于地方政府债务危机不予救助的立场是否妥当？〔3〕与融资平台时期的地方债不同，（自发自还）地方政府债券不再享有中央政府的担保，能否按照约定还本付息完全取决于发行债券的地方政府的偿还能力。

从民事理论上来看，地方政府可以作为独立法人承担民事责任。在理论上，完整意义上的"地方自治"意味着地方政府能够像有限责任公司那样既有独立人格又要独立承担债务，此时地方政府因受"独立责任"约束，自然无理由去超出自己的偿债能力进行超限度融资，债务规模也就处于可控状态。然而这种完整意义上的地方自治在现实中尤其在中国是不可能存在的。我国各

〔1〕 参见张平：《后土地财政时代我国地方政府偿债问题研究》，载《当代财经》2013年第1期。

〔2〕 赵晓、陈金保：《中央"不兜底"地方债风险的前提》，载《金融博览》2014年第22期。

〔3〕 参见华国庆：《地方债危机：中央政府"救"与"不救"的权衡》，载《武汉大学学报》（哲学社会科学版）2015年第3期。

级政府之间责任的独立性相当微弱，在地方政府性债务问题上，中央政府的隐性担保或兜底责任实际上成为地方政府过度举债的一种制度激励。[1]正因如此，中央才坚定地表明了对于地方政府性债务不予救助的政策态度。但事实上，如果一旦地方政府陷入债务清偿的困境，我们很难想象中央政府会对此袖手旁观。因为一方面，地方政府债务偿付的顺利与否将会影响到金融体系的稳健性，而维护金融稳定是中央政府的重要政治职责。另一方面，在执政党统一领导的政治体制之下，中央与地方之间的关系绝非是两个完全独立的实体，地方债务能否顺利清偿事关执政党和国家的社会信任度，因此决定了中央与地方在本质上的一体性，[2]中央与地方的债务偿还责任不可能做到彻底分离。于是造成了这样的矛盾：一方面是中央政府不救助的政策立场；而另一方面当地方政府资不抵债发生危机时，单一制行政体制下的上下级政府关系又迫使中央政府不得不继续承担事实上的兜底责任。

3.我国缺乏地方政府债券违约应对机制

我国当前的地方政府债券法律制度并没有规定相应的违约与清偿机制。尽管目前还没有暴露出较高的地方政府债券违约风险，但这并不意味着我国不会发生局部的地方政府债务危机并继而引发债券违约问题。地方政府债券违约风险的客观存在，使得在地方政府不可能破产，中央又实施不救助原则的情况下，违约债券的偿付成为问题。

任何债务的处理都要付出代价，在地方政府可支配的偿债资产中，除了财政收入，就是其所拥有的固定资产、土地、自然资源等可变现资产。国务院2016年11月发布的《地方政府性债务风险应急处置预案》作出了一个“地方政府财政重整计划”的重大举措，该重整计划中的一项内容是“处置政府资产”，是“指定机构统一接管政府及其部门拥有的各类经营性资产、行政事业单位资产、国有股权等，结合市场情况予以变现，多渠道筹集资金偿还债务”。然而有学者研究得出，地方政府尽管有许多资产，但其中非金融类资产的比重高达80%，变现能力较好的金融资产的比例不足10%，这也就意味着一旦地方政府出现偿债困难，通过变现资产来偿还债务的能力是十分有限的。[3]在“财政收

〔1〕 参见黄韬：《央地关系视角下我国地方债务的法治变革》，载《法学》2015年第4期。

〔2〕 参见黄韬：《央地关系视角下我国地方债务的法治变革》，载《法学》2015年第4期。

〔3〕 参见马骏：《地方举债的改革路径》，载《中国金融》2014年第7期。

入增幅放缓，财政收支压力增大，财政运转困难加剧”而土地收益又呈下降趋势的情况下，[1]要从本质上达到债务处理的效果，地方政府要么需要变卖资产来减轻债务或期待资产获得大幅增值，要么就只能依靠外力帮助分担债务成本。在欧洲主权债务危机中，希腊政府所采取的就是大量变卖国有资产的办法，例如出售港口的使用权和经营权、变卖政府大楼、以国有资产为抵押发行新的债券等。[2]但在危机期间，国有资产变卖的经济效果不难想象。在我国，关于地方政府是否可以动用地方国有资产来清偿债务还存有争议，[3]即便地方政府可以通过变现资产增强其偿债能力，然而由此带来的国有资产流失风险和地方政府违约的后果一样严重。在此情形下，如何应对和处理地方政府债券违约以及相应的债务偿还问题显然还缺乏一个清晰的方案。

我国地方政府债券发行至今从未有过违约的案例，加之在融资平台时期虽屡有城投债发出违约信号甚至发生违约的事实，但最终总会因政府的托底化险为夷。我国对于债券违约的一贯政策与做法使得市场和投资者仍然普遍预期地方政府债务一定有最后兜底人，导致地方政府债券违约的风险被掩盖、违约概率遭到低估。这种低估带来的一个直接结果，就是拉低了与违约概率密切相关的债券利率水平，地方政府发行债券的成本因此降低，这在一定程度上鼓励了地方政府的过度负债行为。从技术上来讲，缺乏违约的债券市场难以建立起违约模型并对其违约概率进行预测，这也给地方政府债券信用评级增加了困难。[4]

第二节　我国地方政府债券融资约束机制的不足

在融资平台时代，地方政府之所以敢于过度负债，在很大程度上应归咎于权责失衡的无责举债模式。既没有地方政府破产之虞，又不用为其过度负债行为担责，地方债务规模自然不断膨胀，导致地方政府债台高筑。地方政府债

〔1〕 陈龙：《化解地方财政困难的治本之策》，载《人民日报》2015年8月5日，第7版。

〔2〕 参见廖宗魁：《地方债置换推演》，载《证券市场周刊》2015年第27期。

〔3〕 参见贾雪：《地方政府信用评级：沪、粤、京信用最高 黑、甘、云最低》，载http://news.xinhuanet.com/fortune/2013-10/29/c_125614616.htm，2016年4月16日访问。

〔4〕 参见马骏：《地方举债的改革路径》，载《中国金融》2014年第7期。

券虽然取代融资平台成为地方政府举债融资的唯一合法方式，但目前我国的地方政府债券融资却面临约束机制不足的问题。

一、地方政府债券融资中的责任问题

我国地方政府债券融资中涉及的责任问题主要包括两个方面，一是关于中央与地方的责任分担问题；二是地方政府债券融资的问责机制。

（一）地方政府债券融资中的央—地责任分担

在财政部代理发行地方政府债券模式下，地方政府债券其实“更像是一种中央以地方名义发行的国债，可以说是一种‘准国债’，而非完全意义上的‘地方政府债券’”。虽然按照规定地方政府是发行主体，地方政府须按照规定向财政部上缴本息和发行费等资金，承担最终还本付息的责任。但是发债的额度以及募集资金的用途都是由中央政府确定，显然中央政府才是真正的主角，而地方政府只是指标的争取者和政策的执行者。这样复杂的关系使得中央与地方政府各自的权利义务划分不是十分清楚，因此财政部代理发行的地方政府债券的最终责任承担也就不够明确。[1]

仔细推究，财政部代理发行地方政府债券模式其实不仅缺乏直接的法律依据，而且相关的法律关系也没有理顺。由财政部代理发行地方政府债券，是源于1994年《预算法》第28条关于地方政府不得发行地方政府债券的规定。作为统一调整证券市场发行与交易关系的《中华人民共和国证券法》对于地方政府债券实际上没有调整效力。地方政府债券法律关系在本质上是一种债权债务关系，而财政部代理发行地方政府债券的做法，使地方政府债券的发行关系、上市关系、交易关系和兑付关系在一定意义上产生了“分裂”，给人以地方政府债券运行机制、法律关系调整上的“代理制”和中央财政担保的“错位印象”，而这种错位的缘由是地方政府发行债券的条件和兑付能力的可信度较低，故而由中央政府以“代理制”予以填补。[2]目前这种地方政府债券的发行模式已经被地方政府自行发债模式取代。

地方政府自行发债模式理顺了债券发行的法律关系，债务偿还责任的承担主体十分明确。

---

〔1〕 参见向东：《中国政府债券法律制度研究》，中国言实出版社2014年版，第180页。

〔2〕 参见王建平：《地方政府债券关系的〈证券法〉调整》，载《证券法苑》（2011年）第5卷。

（二）地方政府债务问责机制：何以问责？

历史的经验反复证明，源于财政的有限性、政绩考核以及政府辖区发展诉求等诸多原因，地方政府普遍具有举债的冲动。如果不从根本上抑制地方政府的举债冲动，仅限定地方政府举债融资的方式恐难以彻底阻挡地方债的持续攀升。地方政府之所以具有强烈的举债冲动和过度负债行为，在很大程度上应归咎于权责失衡的无责举债模式。

新《预算法》第35条第5款规定："国务院建立地方政府债务风险评估和预警机制、应急处置机制和责任追究机制。国务院财政部门对地方政府债务实施监督。"据此，我国地方政府举债的问责机制得以诞生。国务院43号文也有关于地方政府负债的责任追究与问责机制的相关规定，其中，在责任追究方面要求各级地方政府制定应急处置预案，当地方政府难以自行偿还债务时，要及时上报，本级和上级政府将启动债务风险应急处置预案和责任追究机制，并追究相关人员的责任。关于问责机制，国务院43号文规定将把政府性债务作为一个硬性的指标纳入政绩考核，"明确落实责任，各省、自治区、直辖市政府要对本地区地方政府性债务负责"，对于脱离实际的过度举债、违法违规举债或担保、违规使用债务资金、恶意逃废债务等行为，要追究相关责任人的责任。

尽管新《预算法》和地方债新政关于地方政府负债责任追究机制的建立彰显了我国对于纠正以往融资平台时期地方政府无责举债模式的决心，而且研究也表明当政府绩效评价与问责机制有效结合后，能够对地方政府形成强大的压力，从而迫使地方政府改变错误的行为方式。[1]但是目前来看这一机制若运用于实践中并没有具体的操作规范。这不仅是由于当前该机制带有强烈的原则性色彩，更重要的是实践中对于如何衡量和定性地方政府相关责任人"脱离实际的过度举债"还存在较大的模糊性与不确定性。由于种种原因，地方政府的主要负责人，尤其是市、县、乡级的政府负责人在任期内工作往往频繁调动，而目前我国对于地方政府官员的离任审计等责任追究还不够健全。[2]此种情况下，官员跨期发债就成为我国地方政府负债的一个较为常见的现象，这也

---

〔1〕 刘子怡、陈志斌：《政府财务信息披露、绩效评价与地方政府投资行为》，载《人文杂志》2014年第11期。

〔2〕 参见温来成、彭羽、刘洪芳：《强化我国地方政府举债融资约束机制研究——以美国地方政府破产机制为例》，载《中央财经大学学报》2014年第9期。

给实践中责任追究机制的实施带来了一定困难。

从社会背景方面考察，在某种意义上地方政府性债务的增长也是转型时期因社会“推定”给政府的支出责任和义务不断增加的一个必然结果。例如，政府对于本不必负责的企业风险的承担就给政府带来了大量的债务，而政府为了化解金融风险也会导致政府性债务的增加。作为中央政策的执行代理人，协助实现中央政府的政策目标是地方政府的基本责任。但在自身财力不足的情况下，地方政府只能通过举债来完成这种“政策性负担”。在某种程度上，确保地方政府完成中央政策目标甚至被置于比贯彻某些法律更为优先的地位，这难免造成地方政府负债行为中的“法律软约束”现象，[1]也催生了地方政府的机会主义行为，为了在地方竞争中博得有利地位继而得到政治晋升的机会，地方官员会动用一切政策手段包括财政以及金融工具来达到其扩张的目的，而这会造成政府财政赤字和负债的发生。[2]显然，这一切并不会因为地方政府债券成为地方政府举债融资的唯一手段而得到根本改观，地方政府官员迫于政绩考核和政治晋升而高涨的负债冲动，难以通过当前过于原则化和缺乏操作性的责任追究机制得到彻底抑制。

二、地方政府债券融资中的监管及监督问题

“公债是递延的税收”。正如诺贝尔经济学奖得主、宪政经济学之父布坎南（James M.Buchanan，1919—2013）所说的那样，政府举债权使政府承担着未来周期如数偿还这种资产（政府债券）持有人的义务，而偿债来源可能来自未来周期征到的税。政府债券的发行并不是简单的证券注册与销售，其实质是财政赤字的证券化。疏于监管和监督的地方政府债券可能会造成地方政府赤字的加剧，而且也容易滋生各种违法违规的乱象。

（一）地方政府债券风险的监管方式问题

地方政府债券是地方政府作为发行主体参与资本市场的一种方式，资本市场融资本身就具有一定的风险性，因此必须通过适当的监管来控制地方政府债券融资的风险。从目前来看，虽然我们也形成了关于地方政府债券融资

---

〔1〕 参见吴少龙：《地方政府债务软约束：负债机制与承诺可靠性》，载《甘肃行政学院学报》2007年第4期。

〔2〕 参见黄韬：《央地关系视角下我国地方债务的法治变革》，载《法学》2015年第4期。

的基本规则，但这些规则总体上对于风险控制的作用还不够明显。事实上，对于地方政府债券融资的风险更多是通过中央政府控制发行规模的方式来实现的。这种方式在地方政府债券发展的初期以及债券余额总体规模较小的时候能够发挥较明显的作用，但是当地方政府债券市场发展到一定程度，或者各省的债券余额累计到一定规模以后，依赖于上级政府的行政控制就会使得地方政府的道德风险成为一个突出的问题。[1]

（二）对于地方政府债券融资中违法违规行为的监管问题

地方政府债券融资监管不只是风险控制，更是对这一活动中可能出现的违法违规现象的抑制。自2014年《预算法》和国务院43号文实施以来，我国地方各级政府加快建立规范的举债融资机制，积极发挥政府规范举债对于经济社会发展的支持作用，有效防范和化解了财政金融风险，在地方债治理和地方政府举债融资法治化方面取得了阶段性成效。按照新《预算法》，地方政府通过发行地方政府债券筹集的资金只能用于公益性资本支出，不能用于经常性支出。这一点与国债的规定不同，体现了我国对地方政府举债融资用途从严要求的立法态度，这也是汲取了一些西方国家通过债务融资筹集社会福利等经常性支出导致债务缺口越来越大的教训。[2]但让人担忧的是，地方政府能否严格按照法律规定不把通过发行地方政府债券所筹集的资金挪作他用，是否出现以往有些地方政府在获得资金后先盖楼买车再进行项目建设，或者引发更大规模的“政绩工程”。[3]融资资金的实际支出是否符合“仅限于公益性资本支出”的法律规定遂成为地方政府债券融资中一个必须得到重点监管的违法风险。地方政府是否能够严格遵守新《预算法》以及国家关于地方政府举债融资的规定和要求，规范地方政府举债行为，将成为考验地方债新规成功与否的关键。事实证明，我们对于这一问题的担忧并非杞人忧天。

自新《预算法》和地方债新规实施以来，个别地方政府违规举债、变相举债的现象仍时有发生。2015年3月，全国人大常委会预算工委曾对规范地方政府债务管理工作情况进行了一次调研，发现一些地方政府违规对辖区内企业

---

〔1〕参见祁玉清：《完善地方政府负债融资监管的建议》，载《宏观经济管理》2013年第12期。

〔2〕参见李命志：《依法规范地方债面临的主要挑战》，载《中国财经报》2015年8月4日，第7版。

〔3〕参见张春燕：《我国地方政府债券发行与偿付中的法律问题研究》，载《金融法苑》2011年总第82辑。

提供担保承诺，以“明股暗债”方式变相举债的行为依然存在，个别地方甚至通过举债来发放养老金。[1]2015年12月，财政部在向全国人大常委会作关于规范地方政府债务管理工作的报告中指出：“一些地方政府仍然违规举债，或为企业举债违规提供担保承诺等；个别金融机构继续为地方政府违规举债提供支持，并要求政府进行担保。‘明股暗债’等变相举债行为时有发生，监管难度较大。”[2]2016年6月披露的《国务院关于2015年度中央预算执行和其他财政收支的审计工作报告》也指出，“有的地区仍违规或变相举债”，抽查发现有个别省份通过违规担保、集资或承诺还款方式举借债务；另有个别省份在委托代建项目中约定以政府购买服务的名义支付建设资金；还有个别省份在基础设施建设筹资中，存在政府对社会资本兜底回购、固化收益等承诺。《国务院关于2016年度中央预算执行和其他财政收支的审计工作报告》中依然提到了地方政府违规举债的问题。

相关调查表明，在国务院43号文之后，融资平台的政府融资职能的确萎缩了一段时间，但此后又逐渐死灰复燃。国务院43号文之后的“新城投债”在发债时尽管都标明偿债主体为城投公司，政府不承担偿还义务，但实际上城投债的偿债资金很多仍然来源于政府资金。2016年10月，财政部部署了一次针对2014年以来全国地方政府融资平台公司、国有企业、事业单位等机构的债务余额进行摸底的行动。摸底的情况显示，地方政府实际举债的规模比正规发债规模要大得多。由于地方政府债券发行规模有限，难以满足地方政府的融资需求，地方各种变相举债融资的渠道依然较多，[3]这导致地方债的真实数额可能与正规统计数据存在较大差异。针对地方政府违规举债的问题，财政部督促地方财政厅开展自查自纠活动，尤其是清查财政性违规出具担保函和承诺函，部分地方财政甚至做出了要求撤回之前发出的承诺函的举动。[4]

---

〔1〕 参见沙璐：《个别地方政府举债发放养老金》，载http://epaper.bjnews.com.cn/html/2015-12/23/content_615004.htm? div=-1，2016年4月17日访问。

〔2〕《国务院关于规范地方政府债务管理工作情况的报告——2015年12月22日在第十二届全国人民代表大会常务委员会第十八次会议上》，载http://www.npc.gov.cn/npc/xinwen/2015-12/22/content_1955661.htm，2017年6月19日访问。

〔3〕 参见周潇枭：《财政部再查地方债务　首次摸底PPP项目等财政支出规模》，载《21世纪经济报道》2016年10月18日。

〔4〕 详情可参见周潇枭：《多地清查财政违规担保函和承诺函　地方变相举债仍难遏制》，载http://finance.sina.com.cn/roll/2016-10-14/doc-ifxwvpqh7381161.shtml，2017年6月19日访问。

2017年以来，监管部门加大了对地方政府违规举债的曝光以及处罚力度。仅2017年2～5月，被财政部和审计署曝光并处罚的地方政府违规举债案例就有7起，涉及的地区包括湖北、重庆、山东、浙江、四川、黑龙江、北京等地，违规举债的类型包括PPP项目风险不匹配、地方政府作出还款承诺或财政承诺、违规担保或集资、签订回购股权协议、虚增项目投资额等。[1]在融资平台的地方政府融资功能被剥离之后，地方政府通过政府购买服务、政府与社会资本合作（PPP）、政府引导基金等新的渠道违规隐性举债的现象日益突出。[2]这些违规举债现象的存在深刻地说明了加强地方政府债券融资监管的必要性。2017年4月26日，财政部等六部委联合发布《关于进一步规范地方政府举债融资行为的通知》（财预〔2017〕50号），这是继2012年之后监管部门第二次发布关于规范地方政府融资行为的通知。[3]该通知要求各地必须在2017年7月31日之前摸底排查并改正地方政府和相关部门存在的各种不规范融资行为，如果逾期不改正或者改正不到位的，将追究相关责任人的责任。随后，财政部针对一些地区存在的利用PPP方式以政府购买服务的名义违法违规融资的现象，又出台了《财政部关于坚决制止地方以政府购买服务名义违法违规融资的通知》（财预〔2017〕87号），要求地方政府及其部门不得利用或者虚构政府购买服务合同为建设工程变相举债，同时还列出了一个政府购买服务使用范围的负面清单。

必要的监管也是清除地方政府债券融资活动中的非市场化因素的重要手段之一。法律赋予政府机关以法人资格，既是法律对政府机关参与民事活动、享有民事权利的认可和授予，也是对政府机关民事活动行为的制约。一旦参与民事活动，政府机关与对方当事人在法律地位上应完全平等，绝不能再以领导者或管理者的身份出现，否则就不符合其“法人”的身份。[4]因此，通过适当的监管与监督约束地方政府相关机关的行为，防止其滥用权力影响和干预地

〔1〕　参见《地方政府各类违规举债一览（附解读）》，载http://news.21so.com/2017/qqb21news_0601/56931.html，2017年6月19日访问。

〔2〕　参见《江苏下发“特急文件”全面规范地方政府举债融资行为》，载http://finance.sina.com.cn/roll/2017-06-01/doc-ifyfuvpm6943392.shtml，2017年6月19日访问。

〔3〕　2012年12月，针对当时地方政府违法违规融资行为有所抬头之势，财政部、发展改革委、中国人民银行、银监会联合发布了《关于制止地方政府违法违规融资行为的通知》（财预〔2012〕463号）。

〔4〕　参见马克勤：《法律赋予政府机关法人资格的特殊意义和作用》，载《法律科学》1990年第2期。

方政府债券评级工作，消除地方政府债券评级中的权力因素，是促使形成规范化的地方政府债券市场的必然要求。

（三）地方政府债券融资的社会监督问题

依据公共财政理论，赋予地方政府发债权是基于满足区域内社会公众公共产品与服务供给的需要，但发行地方债必须以民众同意为前提，这是政府举债的外部约束机制。例如在美国，由民众票选出来的地方政府官员须对民众负责，举债须经过民众同意，民众监督成为最强硬的外部约束。

如果举债成本的承担方拥有反对政府举债行为的主观动力和制度能力，那么地方政府通过举债来谋取发展继而扩充权力的路径就会遭到合法性拷问。地方政府举债的成本是由地方民众共同承担的，理论上民众对于地方政府的高额负债享有发言权，但实际上民众对此往往反应漠然。除了以往融资平台模式下地方政府依靠隐蔽的举债手段巧妙地绕过了高额举债的合法性迷局之外，地方民主制度、监督制度和信息公开制度的不健全也是其中的重要原因。而且，由于公债不直接从民众的收入中征收，而是以滚动的方式延后到民众身上，民众则认为一方面自己还可以从购买公债中获得稳定的收益，另一方面政府支出的增加总会带来公共服务和福利的提高。在增加福利与控制政府支出之间，民众不难从理性人的行为角度做出选择。正是因为陷入这种“温水煮青蛙”式的福利陷阱中，民众从而忽略了对政府举债的监督，这也使得地方政府不用担心民众的反对就能够轻易扩大支出。[1]

在我国，之前地方政府举债大多由个别地方政府官员决定，但债务风险却由全体民众共同承担，我国尚未建立起对地方政府负债冲动进行有效约束的机制。[2]根据新《预算法》，地方政府举借债务须受全国人大或全国人大常委会、国务院控制监督，同时还要接受同级人大常委会监督。这在一定程度上为民众参与地方政府举债融资的监督机制提供了基础，但如何进行具体的操作还需要进行更加细化的制度设计。

---

〔1〕 参见郭剑鸣：《从“硬发展”到“硬扩权”：我国地方政府债务膨胀的政治逻辑与风险》，载《社会科学战线》2011年第10期。

〔2〕 参见华国庆：《地方债危机：中央政府“救”与“不救”的权衡》，载《武汉大学学报》（哲学社会科学版）2015年第3期。

第三节　我国地方政府债券融资的发展障碍与现实困境

与各种非市场化的融资手段相比，通过资本市场发行地方政府债券募集资金是一种以市场化的方式控制地方政府道德风险的较为理想的融资方法。其市场性主要表现在，当地方政府缺乏足够财力支付到期债务时，资本市场就会对其所发行债券给出较高的风险价格，甚至拒绝这些“资信不佳”的地方政府的融资要求。因此，只有那些符合要求的地方政府才能获得在资本市场发行债券融资的资格，而为了获得这种资格地方政府需要尽量公开其财政信息或改进其过度负债的行为。[1]由于我国地方政府债券刚刚起步，这个处于摸索阶段的市场不仅深受一些非市场化因素的困扰，而且新的形势与压力也使其下一步的发展变得不容回避。

一、我国地方政府债券融资中的非市场化因素与市场机制的失灵

我国地方政府债券的发行利率一直为市场所关注。一般而言，债券发行主体的资信状况对所发行债券的利率有重要影响。通常意义上，国家信用在信用体系中属于最高信用，地方政府信用不可能与国家信用并驾齐驱。按照正常的经济逻辑，地方政府债券的发行利率应该高于国债利率，否则对投资者而言可能会缺乏吸引力。然而，我国地方政府债券发行利率往往与国债利率保持齐平，部分地方政府所发行债券的利率甚至低于国债，例如2014年6月23日广东省发行了148亿元地方政府债券，其中5年期债券利率为3.84%，7年期债券利率为3.97%，10年期债券利率为4.05%。而2014年6月23日7年期和10年期的国债收益率分别为3.9586%和4.0515%。如果说广东所发行地方政府债券定价表现为典型的“紧贴国债”模式，那么山东则创下了地方政府债券利率低于国债的“新高”。2014年7月11日，山东省政府招标发行了137亿元的地方政府债券，其招标发行的三个期限的债券中标利率均低于财政部代发地方政

〔1〕　参见朱小川：《我国地方政府债券的制度选择》，载《证券市场导报》2014年第1期。

府债券利率，更低于同期国债收益率约20个BP（Basis Point）。[1]

在市场定价的逻辑下，如此之低的地方政府债券发行利率表明山东省地方政府的信用要高于中央政府。显然，这个结论无论在理论上还是实践中都是不可接受的。根据信用债定价的一般规则，利率要体现信用溢价和流动性。一般而言，地方政府信用水平要低于国家信用，地方政府债券的流动性也比国债的流动性要差。山东省在当时自发自还地方政府债券试点地区中的政府逾期债务率最高，但其地方政府债券的发行利率竟远低于广东等省甚至国债。对此，唯一合理的解释便是山东地方政府债券发行中可能存在非市场因素主导的情况。地方政府债券非市场化的超低定价，严重影响其在二级市场的流动性，承销的金融机构势必面临巨大的持有到期压力。且相对于国债，地方政府债券的投资者范围较窄，变现渠道有限，期限结构也不够丰富，因此在二级市场上地方政府债券的流动性不佳。然而在一级市场上地方政府债券的供应却持续不断，这就意味着承销银行将独自承受可能的系统性风险，而承销银行也确实感受到了这种压力。[2]

尽管地方政府债券在发行利率上紧贴国债甚至低于国债，承销地方政府债券的金融机构也面临着独自承担系统性风险的可能和压力，但这不仅没有影响地方政府债券的发行，多个地方政府债券反而获得了商业银行的超额认购。既然利率并不具有吸引力，那些以追求利润最大化为根本目的的商业银行缘何还如此"青睐"这样的地方政府债券？这里有这样的一层关系或许可以解释这一现象。我国地方政府的财政管理比较低效，地方政府往往将大量的财政存款常年存放在银行。对于商业银行而言，地方政府的财政存款不仅规模可观，而且大部分存款仅需按照活期或定期存款来支付利息，这些低成本的资金来源无疑是各商业银行蜂拥争抢的稀缺资源。于是，用认购地方政府债券来换取财政存款就成为地方政府与商业银行之间的一种默契。

根据财政部发布的《2014年地方政府债券自发自还试点办法》（财库〔2014〕57号），试点地区要按照市场化原则发行债券，"应当以同期限新发国债发行利率及市场利率为定价基准、采用承销或招标方式确定债券发行利

〔1〕 BP即基点，金融工具市场利率和债券收益率的标准计量单位，1基点等于0.01个百分点。

〔2〕 参见《中国省级债务危机系列之：火山口上的山东》，载http://www.sohu.com/a/146412078_539351，2017年6月19日访问。

率”，“如地方政府债券发行利率低于招标日前1至5个工作日相同待偿期国债收益率，须在债券发行情况中进行重点说明”。也就是说，发行利率低于相同待偿期国债收益率是被视为地方政府债券发行中的一种异常现象，需要解释和说明。地方政府债券发行紧贴国债甚至低于国债利率的现象，反映出市场定价机制在地方政府债券发行中几乎处于失灵状态，地方政府采取市场化的债券发行方式却没有带来市场化的结果。

2015年是我国地方政府性债务置换元年，然而与上一年度地方政府债券多以贴近甚至低于国债利率发行却仍获超额认购的“火热”场面相比，2015年地方政府债券发行的开局似乎并不顺利。首先是江苏省地方政府债券的发行延迟，接着是媒体披露出上万亿元规模的低利率、低流动性政府债恐难获投资者青睐的消息。尽管未被官方承认，但各界普遍猜测江苏债延迟发行的主要原因可能在于发行人与承销商对于发行价格存在较大分歧，承销商无法接受地方政府确定的发行利率。尽管江苏债在延迟了20天后还是成功招标发行，但与原计划相比发行额度却大规模缩水。

地方政府债券发行利率低于国债利率的异常现象甚至迫使中央不得不出手干预。随着地方债置换序幕的拉开，地方政府债券发行出现了新的方式和特点。2015年5月，财政部、中国人民银行、银监会联合发布《关于2015年采用定向承销方式发行地方政府债券有关事宜的通知》(财库〔2015〕102号)，规定采用定向承销方式发行的地方债，发行利率区间下限不得低于发行日前1至5个工作日相同待偿期记账式国债收益率平均值，上限不得高于发行日前1至5个工作日相同待偿期记账式国债收益率平均值上浮30%。[1]然而地方政府债券的定向承销似乎并不顺利。2015年8月7日，辽宁省公开发行的一项10年期专项债券未能招满而发生“流标”，这是我国自2011年地方债公开招标以来的首次债券发行部分流标事件。关于辽宁债流标的原因，有称是此次发行不与财

〔1〕　尽管《2014年地方政府债券自发自还试点办法》规定试点地区发行地方政府债券可以采用承销和招标两种方式，但实践中试点地区皆采用招标方式发行。财政部代理发行的地方政府债券也全部采用招标方式。而根据以往的招标发行规则，在招标发行地方政府债券时招标标位限定中的规定是招标日前1至5个工作日（含第1和第5个工作日）相同待偿期国债收益率算数平均值上下各浮动15%（四舍五入精确到0.01%）。定向承销主要用于地方政府存量债务中到期的银行贷款置换为地方政府债券，以该方式发行的地方债不能在银行间市场和交易所市场进行现券交易，而只能通过试点商业银行的柜台市场进行流通。

政存款挂钩，导致地方债对银行的激励机制失效，部分银行因为没有分配到财政存款而更改了投标标位导致流标。[1]尽管这一说法不一定是全部的事实，但辽宁债部分流标事件至少透露了两个方面的讯息：第一，一旦地方政府债券招标发行与财政存款脱钩，商业银行可能就会因为失去激励而大大降低对地方政府债券的兴趣；第二，造成债券发行流标的原因既有地方经济形势方面的因素，也有债券发行规律的因素。毕竟，市场化的债券发行能否成功将取决于投资者是否愿意“买账”，如果投资者“不买账”那么发行人就只能接受失败的现实。无论是紧贴甚至低于国债的利率模式，还是发行与财政存款脱钩的政府债券引起的债券流标事件，都反映出我国地方政府债券发行中的非市场化因素，这些因素反映出我国地方政府债券发行中市场定价机制的失灵现象。

二、地方政府债券融资难以从根本上解决地方政府的“资金饥渴症”

我国政府性债务结构不同于西方国家，后者政府性债务的增长主要来自于中央政府，而我国政府性债务的大幅度增长则主要来自地方政府。在当前新型城镇化建设的背景下，地方政府为推动城市建设对于资金规模的需求十分庞大，在有限的财政收入之外，发行地方政府债券是目前唯一合法的融资方式。然而在“限额+审批”的发行制度下，发行地方政府债券融资对于解决地方政府“资金饥渴症”的效果十分有限。

从2015年以来地方政府债券的发行情况来看，所发行的债券中置换债券比重为84%左右，而新增债券则不足16%。2016年的发行情况是，置换债券比例约为81%，新增债券为19%左右。这也就是说，在地方政府债务置换全部完成以前，地方政府发行的债券将主要用于解决遗留的地方债问题，即用来偿还到期的地方债或者为即将到期的债务进行准备，只有少部分的新增债券可以为地方公益性资本支出筹措新的资金。新增的地方政府债券分配到各省也就三四百亿元的发行额度，相对于各地为了稳增长而推出的动辄千亿、万亿的项目而言，地方政府债券融资只能算是杯水车薪。即使按照计划在3年之内（2016～2018年）完成了地方存量债务置换，但由于限额管理和审批制决定，再加上中央对于地方债务规模控制的因素，地方债券的发行规模依然难有大的突破。

---

〔1〕 参见邵鹏璐：《地方债发行首现流标辽宁成“第一个中枪者”》，载http://www.ceh.com.cn/qyzq/867275.shtml，2016年4月11日访问。

目前我国地方政府债券的发行主体均为省级政府（省、自治区、直辖市）和少数计划单列市，而大部分的市级政府以及全部的县级及以下政府没有债券发行资格。但从我国地方债务的构成情况来看，恰恰是县、市两级政府聚集了相当比重的地方债务。[1]根据审计署公布的《全国地方政府性债务审计结果》（2011年第35号总第104号），2010年底全国地方政府性债务余额层级分布情况中，省、市、县三级政府债务中省级政府性债务比重为29.96%，市级为43.51%，县级为26.53%，也就是说市、县两级政府性债务在整个地方政府性债务中所占的比重高达70%。2013年审计署公布的《全国政府性债务审计结果》（2013年第32号总第174号）显示，截至2013年6月底，省、市、县、乡四级地方政府性债务中，省级政府负有偿还责任的债务比重为16.3%，市级政府负有偿还责任的债务比重为44.5%，县、乡两级政府比重为39.2%；在或有债务中，省级政府性债务比重为48.8%，市级政府的债务比重为34.9%，县、乡两级政府比重为16.3%。两次审计印证了一个共同的事实，即我国地方政府性债务对于地区金融安排的影响主要集中在市、县两级政府，尤其是县级政府。[2]

地方政府的层级越低，所负债务的相对规模反而越大，这使得我国地方政府性负债整体呈低端化态势。[3]地方政府中的市、县级政府承担了较重的经济建设和社会管理职能，[4]然而受我国地方政府“大事权、小财权”模式制约，基层政府的财力普遍偏低。由于财力和事权责任的不对等，市、县两级地方政府财政通常面临更大压力，存在较大的收支缺口。一些财力不足的市、县级政府性债务问题已经成为我国地方政府性债务中的一个主要风险隐患。[5]市级及以下地方政府对于资金的渴求丝毫不亚于省级政府，在某种程度上甚至远远超过省级政府。在融资平台时代，区县级政府融资平台也曾积极尝试BOT、BT、TOT等项目融资方式，但这些地方政府融资平台由于资金、资源以及宏观政策

〔1〕 参见张同功：《新常态下我国地方政府债务风险评价与防范研究》，载《宏观经济研究》2015年第9期。

〔2〕 参见周潇枭：《报告称地方债风险集中在县级政府　完善偿债准备金制度》，载http://jiangsu.china.com.cn/html/finance/cjgc/525665_3.html，2016年4月10日访问。

〔3〕 参见莫兰琼、陶凌云：《我国地方政府债务问题分析》，载《上海经济研究》2012年第8期。

〔4〕 参见白伟群：《完善中国地方政府债券市场的体制机制建设》，载《财政研究》2014年第6期。

〔5〕 参见晏俊、许薇、杜小伟：《美国地方政府债务管理的经验及其对我国的启示》，载《学习与实践》2015年第8期。

方面的劣势，普遍存在起步晚、规模小、实力弱、更加依赖地方政府等特点。[1]

市、县级政府聚集了大量地方债务，具有的强烈融资需求却没有举借债务的资格。地方政府债券虽然改变了地方政府举债融资的方式，但却不能解决绝大部分市、县两级政府的融资难题，在这种融资方式下，能够举债的地方政府主体与实际负债规模较大的地方政府主体之间存在错位现象。因此，新《预算法》虽然赋予了省级地方政府有限度的发债权，但省级以下的地方政府由于并未取得举债融资的资格，其合法融资渠道受阻的状态并没有改变，故而省级以下地方政府规避法律继续通过融资平台或其他手段举借债务的风险依然存在，所以新《预算法》赋予的有限的地方政府举债权恐怕既不能满足地方政府对于公共建设资金的需求，也难以有效遏制地方融资平台继续蔓延的态势，[2]地方政府的“资金饥渴症”仍然难以从根本上得到解决。

三、新型城镇化建设为地方政府带来新的资金压力

城镇化是国家实现现代化的必经阶段，也是经济增长的重要推动力。诺贝尔经济学奖得主斯蒂格利茨（Joseph E. Stiglitz，1943—）曾将中国的城市化进程视为21世纪对世界影响最大的事件之一。城镇化是我国未来一段时间大有可为的领域，也将成为我国经济增长、结构转型和社会发展的重要战略选择。[3]2014年6月，国家发改委等11个部门联合发布《关于开展国家新型城镇化综合试点工作的通知》（发改规划〔2014〕2960号），我国由此进入了新型城镇化建设时期。与传统城镇化模式下的“造城运动”相比，新型城镇化的“新”主要体现在其以提升城市的文化、公共服务等内涵为城镇化建设的中心，使城镇真正成为具有较高品质的宜居之所。[4]把握好国家发展新型城镇化的历史机遇，满足城镇化所需的城市基础与公共服务的需求，是新形势与背景下地方政府面临的重大任务。

从1992年开始，伴随着户籍制度改革和社会主义市场经济体制的提出，农

---

〔1〕 参见杨飞虎、孟祥慧：《地方政府融资平台典型模式研究》，载《江西社会科学》2015年第9期。

〔2〕 参见冉富强：《我国地方政府性债务困境解决的法治机制》，载《当代法学》2014年第3期。

〔3〕 中国金融40人论坛课题组：《加快推进新型城镇化：对若干重大体制改革问题的认识与政策建议》，载《中国社会科学》2013年第7期。

〔4〕 中国金融40人论坛课题组：《加快推进新型城镇化：对若干重大体制改革问题的认识与政策建议》，载《中国社会科学》2013年第7期。

村劳动力开始大规模从乡村迁往城镇地区，至20世纪90年代末21世纪之初，我国城镇化率已经达到30%～40%，城镇化水平开始加速发展（见图3-1和表3-1）。[1]城镇化率是衡量一个国家或地区经济发展水平的重要指标，是指城镇人口在总人口中所占比重。在发达国家，城镇化率一般保持在80%左右的水平，发展中国家也一般达到60%左右。根据国家统计局数据，2016年末我国城镇化率达到了57.35%。根据《国家新型城镇化规划（2014—2020年）》，2020年我国城镇化率目标为60%左右。城镇化是一个可以从多种学科视角进行解释的现象，在人口学意义上，城镇化是指农业人口转化为城市人口的过程，而从经济学视角来看，城镇化则是由农村传统的自然经济转化为城市社会化大生产的过程。这就意味着在这一过程中，为了解决因农村人口向城市不断迁移和聚集所造成的各种问题，政府必须不断提升城市的基础设施以及公共服务等，来适应和满足城镇化过程，而这无疑需要大量的资金支持。

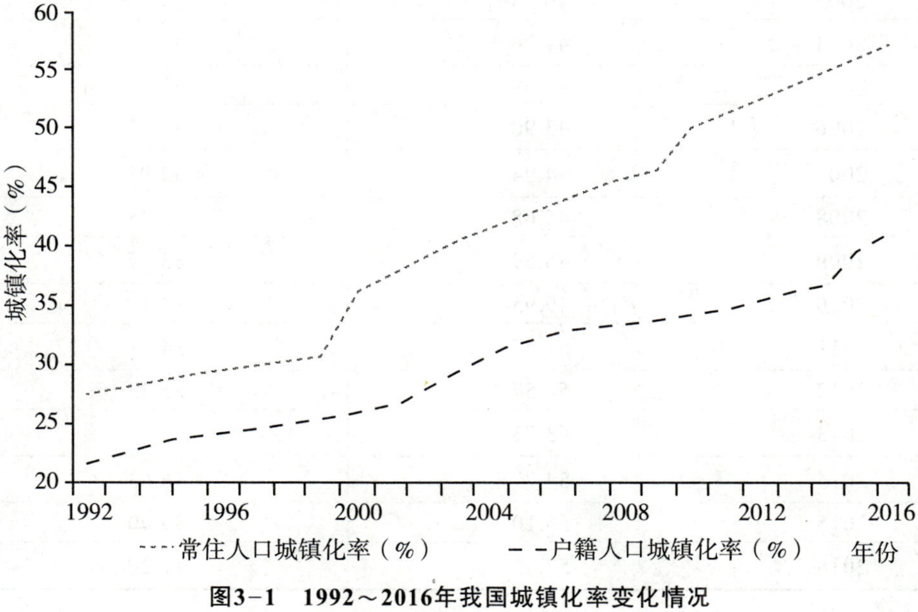

图3-1　1992～2016年我国城镇化率变化情况

数据来源：国家统计局、Wind资讯。

〔1〕　美国城市地理学家纳瑟姆通过研究西方发达国家城镇化进程的演化规律，发现发达国家的城市化大体都经历了类似正弦波曲线上升的过程。这一过程包括两个重要的拐点，当城市化水平达到30%以上时出现第一个拐点，表示一国经济发展势头进入迅猛发展的高速阶段，国家步入工业社会；当城市化水平达到70%以上时出现第二个拐点，表示经济发展势头再次趋于平缓的成熟阶段，国家基本实现现代化，进入后工业社会。纳瑟姆据此将城镇化水平划分为起步、加速、成熟三个阶段，即著名的“纳瑟姆曲线”。当城镇化率处于30%～70%的区间时，是城镇化水平加速发展阶段。

表3-1　1992～2016年我国城镇化率变化情况[1]

项目 年份	常住人口城镇化率（%）	户籍人口城镇化率（%）
1992	27.46	21.67
1993	27.99	22.42
1994	28.51	23.28
1995	29.04	23.84
1996	29.37	24.37
1997	29.92	24.79
1998	30.40	25.07
1999	30.89	25.51
2000	36.22	26.08
2001	37.66	26.68
2002	39.09	27.89
2003	40.53	29.70
2004	41.76	30.81
2005	42.99	31.99
2006	43.90	32.53
2007	44.94	32.93
2008	45.68	33.28
2009	46.59	33.77
2010	49.95	34.17
2011	51.27	34.71
2012	52.57	35.33
2013	53.73	35.93
2014	54.77	36.63
2015	56.10	39.90
2016	57.35	41.20

资料来源：国家统计局、Wind资讯。

〔1〕 2015年和2016年的常住人口城镇化率直接来自国家统计局公布的相应年度的《国民经济和社会发展统计公报》。2000年和2010年的城镇化率根据国家统计局网站统计数据查询到的相应年度的城镇人口数量和年末总人口数量计算得出，其余年度的城镇化率根据国家统计局公布的相应年度的《国民经济和社会发展统计公报》中年末城镇人口数量与年末全国大陆总人口数量计算得出，采取四舍五入法保留小数点后两位。1992～2014年的户籍人口城镇化率数据来自Wind资讯，2015～2016年的数据来自国家统计局。

根据“纳瑟姆曲线”规律，我国于1998年前后城镇化率突破了30%的临界点，城市化进程出现第一个拐点，此后开始进入城镇化水平加速发展阶段，但达到第二个拐点70%的城市化水平估计还需要较长一段时间。我国目前正处于城镇化水平加速发展阶段，未来若干年因城镇化带来的人口转移与城镇化建设所需的资金需求将十分庞大。这意味着未来必须保持城镇化建设资金投入的大幅增长才能满足城镇化建设所需的资金要求。[1]对于要完成《国家新型城镇化规划2014—2020》的预期目标需要达到的资金需求总量，已有一些部门或研究机构进行了测算。例如有部门估算，以现有的资金供需条件，在扣除政府财政收入（包括土地收入）之后，2013～2020年，我国城镇化资金缺口将近30万亿元，即平均每年2.5万亿元，按照2012年的统计口径计算这相当于全社会新增贷款30%。[2]而《中国城市发展报告2010》则认为至2020年我国新型城镇化建设资金需求总量至少应为40万亿元。中国海南改革发展研究所得出的研究也支持这一估算的数据。财政部也认为为了达到2020年我国实现60%的城镇化率的水平，我国将面临42万亿元的资金需求。中国社科院2014年发布的《中国农业转移人口市民化进程报告》认为，目前我国农业转移人口市民化的人均公共成本约为13万元，各地区不尽相同，东部最高可达17.6万元，中部和西部约为11万元。据社科院测算，假若这些公共成本需要政府来出钱，如果每年解决2500万人城镇化，则政府每年需一次性投入约6500亿元，这相当于2012年我国公共财政收入的5.5%。[3]同时，基本公共服务和基础设施等新型城镇化主要指标也要有所提升。

尽管不同统计口径所得出的新型城镇化建设的资金需求量有所差异，但未来为实现新型城镇化地方政府必定面临更为沉重的资金压力却是不争的事实。显而易见，如此巨大的资金需求仅凭财政收入是不可能解决问题的，于是政府融资就成为城镇化建设中不可避免的现实话题。城镇化产生的强大的代际公共物品投资需求是既有的税费收入体系难以满足的，需要债务类融资工

〔1〕 参见陈雨露：《中国新型城镇化建设中的金融支持》，载《经济研究》2013年第2期。

〔2〕 参见张云：《构建城镇化多元融资模式》，载http://news.xinhuanet.com/fortune/2014-01/16/c_126014653.htm，2016年3月27日访问。

〔3〕 参见《中国社科院发布〈中国农业转移人口市民化进程报告〉》，载http://www.cssn.cn/jjx/jjx_dt/201403/t20140319_1035577.shtml，2016年3月27日访问。

具来实现。[1]由于政府融资不可能采取股权的形式，因此债务融资就成为现实中地方政府融资唯一的选择。为化解新型城镇化建设的资金矛盾，《国家新型城镇化规划（2014—2020年）》中特别提出了“创新城镇化资金保障机制”，包括财政转移支付、地方税体系以及城市建设投融资机制，其中城市建设投融资机制包括地方债务管理、地方债券发行管理制度和评级制度、允许地方政府发行市政债券以及拓宽城市建设融资渠道等。可见，地方政府债券融资在新型城镇化建设的资金保障机制中扮演着重要角色。然而我国真正意义上的地方政府债券才刚刚开始发展，无论发行规模还是运作方式上都存在先天不足的问题，其能否承担起为新型城镇化建设提供巨额资金的时代重任，恐怕还需要经受实践的检验。

〔1〕 代际公共产品是指一经本代人提供，在其存续期内就无法排除下一代人的使用。而地方债务正是为道路、桥梁、机场、地铁等这些具有代际特征的公共产品融资的。参见汤玉刚、石绍宾：《土地租税制度重构与地方债务融资模式转变》，载《复旦学报》（社会科学版）2015年第4期。

第四章　我国地方政府债券融资约束机制的构建

党的十八届三中全会通过的《中共中央关于全面深化改革若干重大问题的决定》提出“发展并规范债券市场，提高直接融资比重”的要求，同时要求“建立透明规范的城市建设投融资机制，允许地方政府通过发债等多种方式拓宽城市建设融资渠道”。新《预算法》有条件地赋予了地方政府适度举债权，并将其举借债务的形式仅限于发行地方政府债券，这为地方政府债券融资的发展带来新的契机。然而面对现实中存在的诸多问题，为避免重蹈以往地方债的覆辙，我们必须对地方政府债券融资约束机制的不足进行修正和弥补。

第一节　硬化我国地方政府负债的预算约束

历史的经验一再证明，源于财政的有限性、政府辖区发展诉求以及政绩考核等原因，地方政府普遍具有举债的冲动。地方政府性债务的迅速增长固然有其合理的一面，即缓解地方政府在经济发展及基础设施建设中面临的财力不足问题，但巨额的地方债务也蕴含着不小的信用及金融风险。尽管地方债务的形成有多方面的原因，但预算约束的软化却是造成问题的关键。

一、预算法对于地方政府负债的抑制功能

预算是国家财政体制的核心，是从根本上解决国家与人民的财产关系问题。隐藏在预算数字背后的，其实是关乎国计民生的整体发展。预算实质上是“国民对国家以预算方式表现的施政计划书进行监督与统制的重要手段”。[1]在西方各国，预算被认为是议会对政府进行调控的主要权力工具，控制预算在实质上就是通过控制政府的财政收支，从而从根本上达到控制政府施政政策和施政行为的目的。预算活动在本质上是控制性的，预算制度就是为了控制政府的财政活动从而控制政府行政行为而作出的一种制度安排。因此，现代法治国家一般都将预算作为宪法的基本内容和重要制度，同时还以此为基础制定专门的预算法。[2]与其他任何法律相比，预算法的独特之处就在于它是一部专门处理政府财政事务的法律。预算法为预算制度的合法性、稳定性、权威性和强制性提供了法律上的保障。[3]在民主和法治的社会里，公民和立法机关正是通过控制政府的“钱袋子”来控制政府活动的范围与边界。这种控制能够确保政府在能动进取的同时也是一个安全的政府。预算制度发挥着类似社会安全阀的功能，这种功能是通过将政府活动限定在立法机关所批准的年度预算内，包括约束政府遵循预算行使税收征集、公款开支和举借债务的财政权得以实现的。[4]

二、美国平衡预算法案对于控制州和地方政府债务的经验

预算法是“管理政府的工具”而非“政府管理的工具”，要让预算法真正成为约束、规范和监督政府的法律，[5]使预算法发挥对于地方政府负债的抑制功能，美国的做法和经验或许可以给我们一些启发。

美国的州政府和地方政府在税收之外，通常会通过发行债券或政府基金

〔1〕 参见蔡茂寅：《预算法之原理》，元照出版公司2008年版，第2页。

〔2〕 参见戴激涛：《预算法：宪法之下的财政基本法——从预算法的修订说起》，载《厦门大学法律评论》2011年总第19辑。

〔3〕 参见王鸿貌：《论预算国家视野中预算制度与预算法的功能——兼论我国预算制度改革和〈预算法〉的修改》，载《财政经济评论》2012年第1期。

〔4〕 参见王雍君：《预算功能、预算规制与预算授权——追寻〈预算法〉修订的法理基础》，载《社会科学论坛》2013年第8期。

〔5〕 参见熊伟：《预算法应成为管理政府的工具》，载《社会观察》2012年第9期。

用于募集当地基础设施建设投资等公共投资项目的资金。但与联邦政府可以维持长期的“赤字财政”状态不同的是，州政府和地方政府必须尽可能保持财政平衡，因为一旦面临财政赤字，州政府和地方政府是不能够通过发行国债或对外借款以及采取增发货币的方式来应对的。因此，州政府和地方政府在政府预算的编制、审批和执行方面甚至比联邦政府更为谨慎，尤其是对于预算平衡更为重视。

美国州政府和地方政府在预算方面的一个显著特点就是将政府赤字预算限定在一个较低的范围内，一般不允许州政府长期维持高额的财政赤字，且一般都设有预算稳定基金。在财政平衡方面，美国对于州和地方政府的要求十分严格，从其对政府赤字的要求可见一斑。这种财政政策施行的一个重要基础，就是美国主要针对州政府实行平衡预算法案。该法案对于州政府财政赤字和支出的控制相当严格，因此州政府在进行基础建设或居民福利项目时通常会通过发行特定项目的政府债券作为应对。平衡预算法案的实施降低了州政府的财政赤字，这就为州政府进行政府债务融资提供了更好的财务状况条件。〔1〕

美国市政债券的成功经验之一，就在于几乎各州的宪法和法令都要求实行平衡预算规则，该规则中最为严格的限制是立法机关颁布平衡预算法令，要求预算执行中出现的财政赤字必须在财政年度末被消化，禁止结转到下一年度。美国的长期实践表明，缜密的预算规则以及强有力的执行机制有助于避免或减少地方政府财政的过度支出、防止地方政府过度负债。〔2〕美国对州和地方政府实行的平衡预算制度有效地抑制了地方政府的发债行为，使地方政府赤字控制在合理和安全的范围内。

三、硬化预算约束：分税制体制下抑制地方政府举债行为的治本之策

在实行地方政府债券融资之前，除了财政部代发地方政府债券以及各种财政转贷资金外，大部分的地方政府性债务都没有被纳入预算，脱离了预算管理和监督的地方债务处于无序增长的状态，当然无法通过地方各级预决算得

---

〔1〕 参见许云霄：《美国州、地方政府预算与政府债务管理》，载《财政研究》2015年第10期。

〔2〕 参见刘利刚、陈少强：《地方政府举债必然导致过度负债吗？——以美国为例》，载《国际经济评论》2005年第5期。

到真实、全面、客观的反映。这使地方债务的来源、使用和偿还等环节都失去了硬性约束，也脱离了上级政府、同级人大以及社会公众的监督，造成了地方政府“借债不考虑，还债无压力”的侥幸心理，最终造成了地方债务的不断膨胀。地方政府性债务问题在本质上其实是预算约束的软化所引发的一种“病态”的政府现象。[1]

中央政府的“仁慈性”导致了地方政府预算约束的软化，软预算约束的直接结果就是地方政府不断举借债务，导致地方政府性债务规模越来越庞大。在分权制的财政体制下，软预算约束或许难以避免，但可以通过科学地设定中央政府与地方政府的税收分成比例以及中央政府与地方政府支出的边际价值来实现社会福利的最优化。[2]这涉及财税体制的改革问题，是另一个需要深入挖掘和研究的重要课题，本书并不打算在这方面进行更深层次的探讨，仅通过对当前改革趋势的判断来思考改善地方政府软预算约束的现实路径。从长期来看，我国对于财政体制的进一步调整，即从之前的财权与事权相匹配到十八届三中全会提出的财力与支出责任相匹配，财税体制改革强调的依然是中央集权管理而不是放权，[3]这种制度走向可能会进一步提高地方政府的举债动机。[4]如果不从根本上抑制地方政府的负债冲动，恐难以彻底阻挡地方债的继续攀升。

在当前分税制的财政体制下，抑制地方政府负债冲动的治本之策是硬化预算约束。地方政府的硬预算约束是指财务收支计划对于政府行为以及行动自由的约束是硬性的，也就是说，地方政府的税收收入、支出决策、转移支付以及地方政府的债务融资都要受到其财务收支计划的严格限制。[5]硬化预算约束能够减少地方政府通过推迟支出或积累或有和隐性债务等方式向上级政府转移债务或向下级政府及部门索取资源的运作空间。从国外控制地方债的经

〔1〕 参见郑洁：《地方政府性债务管理与风险治理——基于新〈预算法〉施行的背景》，载《宏观经济研究》2015年第12期。

〔2〕 参见马恩涛、于洪良：《财政分权、地方债务控制与预算软约束》，载《管理评论》2014年第2期。

〔3〕 参见蒋洪：《如何划分中央与地方财权》，载http://news.ifeng.com/mainland/special/2014lianghui/riji/detail_2014_03/12/34707235_0.shtml，2016年4月19日访问。

〔4〕 参见庞保庆、陈硕：《央地财政格局下的地方政府债务成因、规模及风险》，载《经济社会体制比较》2015年第5期。

〔5〕 参见财政部预算司课题组：《地方政府预算约束的硬化》，载《经济研究参考》2009年第43期。

验看，如不能实现对地方政府预算约束的硬化，则地方政府性债务必然出现负外溢。[1]值得期待的是，近年来新的立法已经在硬化地方政府预算方面作出了努力。对于地方债治理具有划时代意义的国务院43号文就规定了“要硬化预算约束，防范道德风险，地方政府对其举借的债务负有偿还责任，中央政府实施不救助原则”。新《预算法》第1条即开宗明义，表明预算法的立法宗旨之一是“为了规范政府收支行为，强化预算约束”，这显示出了新《预算法》对于矫正以往软预算约束现象的决心。当然，目前这些关于硬化预算约束的规定还过于原则，如何具体实现预算约束的硬化不仅需要修订《预算法实施条例》，还需要在地方政府债券市场引入一系列配套改革措施来具体落实。

四、关于硬化我国地方政府预算约束的几点建议措施

在地方债务管理方面，新《预算法》的突破主要体现在限制举债主体、举债用途、举债规模、举债方式以及控制债务风险等方面。这体现了我国立法在政府预算领域中对地方债问题进行因势利导所取得的重大突破。[2]尽管新《预算法》在硬化预算支出约束方面也取得了一定的进步，但具体到改善地方政府预算约束软化的现象，还需要进一步的改革与设计。

（一）细化地方政府预算编制尤其是预算支出编制

预算编制是预算制度的基础。粗糙的预算编制往往会导致年度预算不实，继而影响预算执行进度与预算的透明度。我国政府一般预算支出科目中的经济分类科目虽然多达99项，但实际上反映在预算编制中的最多只有30多项，少的只有3～5项，而基金预算支出科目中类级实际只有8个，款级以及项级科目则更少。这是计划经济时期政府预算编制方式的典型特点，与社会主义市场经济条件下硬化政府预算约束的要求已经不相适应。在成熟市场经济国家，其政府预算的编制都相当精细，例如法国预算的类级科目就多达1100多条，而款级和项级科目的数量则更大。细编预算编制是硬化地方政府预算约束的关键措施，预算编制越细，地方政府预算管理的随意性空间就会越小，[3]不受约束的负债行为也会在很大程度上受到抑制。

---

〔1〕 参见冉富强:《我国地方政府性债务困境解决的法治机制》，载《当代法学》2014年第3期。
〔2〕 参见贾康:《〈预算法〉在地方债上的突破》，载《中国金融》2014年第22期。
〔3〕 参见邹蓉:《政府预算管理创新》，载《经济体制改革》2015年第3期。

现代预算管理的灵魂，就是硬化对于政府预算支出的约束。[1]新《预算法》第37条第1款规定："各级预算支出应当依照本法规定，按其功能和经济性质编制。"同时根据该条第2款的要求，各级预算支出的编制应贯彻勤俭节约原则，"严格控制各部门、各单位的机关运行经费和楼堂馆所等基本建设支出"。硬化预算支出约束的关键，在于不能随意打开财政收支的口子。地方政府应根据新《预算法》的这一要求，严格预算支出编制，实现预算的科学化管理。对于预算支出，尤其是项目预算编制，可以邀请专家参与并在多种方案的基础上进行比较决策，这不仅可以提高政府财政资金的使用效率，也能够防止专家方案决策被利益集团收买。具体而言，在预算支出编制管理方面可以采取的措施包括：第一，加强部门预算编制和项目库建设，实行全口径预算编制，以提高预算编制的质量，减少追加预算的弹性以及预算支出的随意性；第二，进一步完善基本支出定额标准体系，同时加快推进基本支出定额标准体系建设，充分发挥支出标准在预算编制和管理中的基础性支撑作用；第三，建立和健全预算编制与结转资金管理相衔接的约束制度，尤其对于不按原用途使用的资金，可以规定将其统筹用于经济社会发展亟须资金支持的领域，建立结转结余资金的定期清理机制，提高预算资金的使用效率。

（二）加强预算执行管理并建立预算执行动态监控体系

预算执行管理是政府财政管理的关键，关系到财政资金运行的安全与高效问题。在我国当前的经济形势以及地方政府面临的债务及财政压力下，更应该通过强化预算执行管理来硬化地方政府预算约束。具体而言，首先对于年度预算执行，地方政府原则上不应出台增加当年支出的政策，即便有必须出台的政策也应该通过以后年度来安排资金。其次，规范地方政府预算执行情况的分析报告制度。目前，在省市一级政府中，实行预算执行情况分析报告制度的还比较少，未来应推进该制度在省市一级政府范围内的广泛实行，充分发挥该制度在促进预算执行的顺利完成、提高预算执行运行效率和使用效益等方面的积极作用，使该制度更好地服务于决策管理。最后，加快预算执行动态监控机制建设，建立起预警高效、反馈迅速、纠偏及时、控制有力、覆盖各级财政的一体化预算执行动态监控体系，通过严密的预算执行监控网络，对地方政

---

〔1〕 参见闫坤：《硬化支出约束　以新预算法为基础构建现代预算制度》，载《中国财政》2015年第1期。

府预算执行的违规行为形成震慑。[1]

（三）完善跨年度预算平衡制度

作为抵御地方政府债务逾期的最后一道防线，1994年的《预算法》是通过收支平衡、不列赤字的办法来监管地方政府经常账户的过度借款。新《预算法》实行的跨年度预算平衡制度能够较好地满足保持基本预算平衡与财政政策“逆周期”调节的双重需求。跨年度预算平衡具有弥补超预算赤字的功能。因受理论预测水平的局限性、经济发展态势以及政治、自然环境等的不确定性影响，政府对预算执行进行适当的局部调整是各国政府的通常之举，但这只是为应对特殊情况的特殊举措，不应成为政府的惯常手段。为避免跨年度预算平衡制度最终沦为地方政府调整预算执行的“保护伞”，还应强化地方政府的财政预测能力，实行中期财政规划管理，此外还应建立起对中长期重大事项的科学论证，促使地方政府在项目推行方面更为慎重且长远考虑。通过中期的财政规划管理，强化对于年度预算的约束性。跨年度预算平衡制度是顺应经济发展变化和财政政策逆周期调节的现实需要。对于地方政府而言，如果其一般公共预算出现短收的情况，而这种情况又无法通过调入预算稳定调解基金、削减支出等方式达到收支平衡，地方政府应在报本级人大或其常委会批准的情况下增列赤字，同时报国务院财政部门备案，在下一年度预算中予以弥补。这就能在很大程度上规范地方政府的赤字财政，使地方政府负债行为受到政府预算的严格约束。

（四）实现预算民主化管理促进预算公开和实行预算绩效问责

硬化地方政府预算的根本是要根除地方政府预算管理的随意性，改变地方政府预算管理中“权治”与“人治”而非法治的状态，而这则依赖于政府预算民主化管理和预算公开的实现。

政府预算的民主化管理是指各级政府的预算收支以及主要项目应广泛征求选民意见，在此基础上由各级人大代表表决，从而实现纳税人对政府预算的监督。实现预算民主化管理的基本途径就是促进政府预算的公开，即把各级政府年度财政收支计划的编制、审批、执行的全过程以适当方式向公众公开，使其公共预算能够为全体公众所了解并将其置于人民的监督之下。预算公开

---

〔1〕 参见闫坤：《硬化支出约束 以新预算法为基础构建现代预算制度》，载《中国财政》2015年第1期。

的积极意义主要体现在三个方面：一是能够起到规范政府财政权力运作、建设责任政府和法治政府的作用；二是能够保护纳税人的权利，尤其是监督和控制政府财政收支行为特别是税款用途的权利，制约政府的不当支出行为必须成为完整意义上的纳税人监督权的重要内容；三是预算公开能从长远上满足国家治理现代化的要求。新《预算法》尽管在预算民主化管理和预算公开方面取得了一定进步，但未来仍有进一步完善的空间，包括进一步明确预算公开的主体范围、确定预算公开的期限、明晰公开的内容、创新公开的方式、规范问责的程序以及建立回应机制等。[1]

根据新《预算法》第92条的规定，各级政府及有关部门"未依照本法规定对有关预算事项进行公开和说明的"，将对其责令改正，并"对负有直接责任的主管人员和其他直接责任人员追究行政责任"，这是关于违反预算公开的责任追究的法律规定。通过问责机制实现地方政府预算约束的硬化，还应该建立预算绩效问责机制。绩效问责是提高政府绩效的动力机制，应以重点支出与重点项目为抓手，确立"谁用款，谁负责"的原则，建立政府领衔、社会广泛参与的政府预算绩效问责机制。对于在预算编制以及执行过程中未能达到绩效管理目标或规定标准的预算部门或单位及其责任人员实行绩效问责，从而对政府预算绩效管理形成强大的威慑力。

第二节　强化我国地方政府债券融资的责任约束

在地方政府债券成为地方政府举债融资的唯一合法方式后，防控地方政府性债务无序增长的主要任务就变成了规范地方政府的债券融资行为，而后者又依赖于地方政府负债理性的回归。以责任机制来约束地方政府债券融资中的相关主体，不失为解决问题的一种思路。

一、中央与地方政府在地方政府债券融资中的责任分担

发行地方政府债券是地方政府利用政府信用，采取市场化方式进行的融

[1] 参见刘剑文、侯卓：《预算公开：内涵、功能与保障》，载《中国财政》2015年第1期。

资活动。在我国单一制的国家行政体制下，满足条件的地方政府虽然享有自行发行地方政府债券的权利，但自行发行不等于完全自主的发行，其发行活动不仅要受许多条件的限制，而且还受到中央政府的管理与控制，这就涉及地方政府债券融资中中央与地方政府的责任分担问题。

（一）中央政府在地方政府债券融资中的责任

对于地方政府举借的债务，中央尽管已经申明将采取"不救助"原则，但不救助针对的是地方债务的偿还问题，在地方政府债券融资中，中央政府依然负有其不可推卸的其他责任。

1.管控发债规模并分配债券发行额度。

为了避免地方政府债券重蹈以往地方债无序增长的覆辙，必须对其发行规模进行总体上的控制与管理，而这一责任无疑应由中央政府及其相关部门来承担。根据新《预算法》第35条的规定，全国人大或其常委会享有批准地方政府举借债务规模的权力，而国务院则需对地方政府可以发行的地方政府债券额度进行确定。中央政府所确定的地方政府发债额度是否合理，直接决定着地方政府债务将呈良性或恶性运行甚至发生地方政府债务危机的可能性，而这又取决于中央政府是否能够准确把握和判断各地方政府的偿债能力。

2.制定和完善地方政府债券相关配套制度。

地方政府债券融资活动的顺利开展和地方政府债券市场的有序运转都需要完善的地方政府债券规则与制度的保障。除了立法部门外，中央政府负有建立和完善地方政府债券相关配套机制的重大责任。根据新《预算法》第35条的规定，国务院要建立地方政府债务风险评估和预警机制、应急处置机制以及责任追究机制。未来，国务院应在现有配套制度的基础上对上述机制不断完善和细化。

3.监督管理地方政府债券融资行为。

根据我国《地方各级人民代表大会和地方各级人民政府组织法》第55条第2款的规定："全国各级地方人民政府都是国务院统一领导下的国家行政机关，都服从国务院。"同时根据该法第66条，省、自治区、直辖市的人民政府各工作部门须依照法律或行政法规接受国务院主管部门的业务指导或领导。根据我国《宪法》以及《国务院组织法》关于国务院的相关规定，国务院具有统一领导全国各级国家行政机关的工作、领导和管理经济工作的职权。发行地方政府债券作为地方政府的一项经济活动，当然包括在国务院的职责范围内，国务院及其所属部门理所当然应该承担其监督和管理地方政府债券发行活动的责任，尤其是对地方政府及其所属部门可能发生的违法违规融资行为进行监管。

4.整体防控地方政府性债务风险。

通过资本市场发行债券融资固然能帮助地方政府在一定程度上解决财政匮乏的问题，但一定会带来所有资本市场融资工具共有的风险，包括地方政府的道德风险。尽管地方政府是防范地方政府债券融资风险的主要责任主体，但是中央政府也负有从整体上控制地方政府债券风险的责任，这主要是基于中央政府作为地方债务规模控制与债券发行额度分配者的角色立场。

（二）地方政府在地方政府债券融资中的责任

在地方政府债券融资中，中央政府及其所属部门主要承担的是一种宏观层面的控制、监督与管理和制度制定方面的责任，而地方政府及其所属部门及相关官员则承担着更为具体的责任，包括风险控制、信息披露以及债务偿还等经济责任以及对相关责任人员的问责与追究等，对此下文将予以详述。

二、地方政府作为债券发行人的经济责任及其约束机制

地方政府作为地方政府债券的发行人，在责任承担上与其他债券发行主体并无本质区别，其经济责任主要包括三个方面，即风险控制、信息披露和债务偿还，这三种责任相应地对应三种约束机制，即风险预警机制、债务报告及公开制度、债权人约束机制。

（一）地方政府风险控制责任与风险预警机制的约束

前文曾述，关于应否赋予地方政府发债权曾在我国引起了激烈的讨论并导致《预算法》修订的一波三折。实际上，人们对于地方政府发债的担忧主要源于地方政府举债可能引起的风险问题。风险“没有一定的社会边界和社会范围，承担风险和蒙受灾难的人，是不分阶级、不分等级、不分民族、不分国家、不分政见、不存在‘他人’这一范畴的全人类的所有人”。[1]可见，风险是一种最为普遍也最为公平的客观存在。风险的普遍性与客观性不会因为融资者是地方政府而有所袒护。与银行贷款等举债方式相比，地方政府在资本市

〔1〕［德］乌尔里希·贝克：《从工业社会到风险社会：全球化与风险社会》，薛晓源等译，社会科学文献出版社2005年版，第102页。

场通过发行债券的方式融资意味着承担市场风险的必然性。“市场风险犹如空气一般无处不在，无可避免”。[1]地方政府对于资本市场风险认知的非专业性可能会使其遭受更多和更为严重的风险。在进入资本市场融资的同时，地方政府债券发行人也进入了一个风险丛生的领域，防范和控制风险就成为地方政府债券发行人的基本责任之一。

与股票等资本市场其他直接融资工具相比，债券的根本区别在于其价格较少依赖于发行人未来盈余的增长，“偿还性”是债券的根本特征之一，按照约定条件还本付息是债券发行人的基本义务。因此，相比于其他金融工具，债券的风险相对较小。在市政债券发达的美国，人们通常将市政债券视为最安全的投资工具。在我国，地方政府债券的风险主要表现为信用风险，即通常意义上地方政府作为融资主体的违约风险。为了控制地方政府债券违约的风险，地方政府应在确定的发行额度和规模内，结合其财政收入情况和债务偿还能力，对自身还本付息的能力进行客观和科学评估，做到量能发债。[2]

为了防范地方政府债券风险，保障地方政府债券市场的安全性，必须通过一定的机制来控制和约束地方政府发生违约风险的可能性，这就是地方政府债券的风险预警机制。依据国务院43号文的规定，财政部需要对地方政府债券建立起风险预警机制。这一机制将根据各地区的一般债务、专项债务、或有债务等情况，测算债务率、新增债务率、偿债率、逾期债务率等指标，对各地区的债务风险状况进行评估，对债务高风险地区将进行风险预警，一旦被财政部风险预警机制列入债务高风险地区名单，则高风险地区的地方政府就需要“积极采取措施，逐步降低风险”。

实际上，作为地方政府债券的发行人，地方政府才应该是风险控制的第一责任人，这种关于风险控制的责任划分更有利于地方政府为避免承担不利后果而更加积极主动地制订风险控制计划和采取风险控制措施，从而起到从总体上减少地方政府债券风险控制成本和降低风险违约水平的作用。2016年10月，国务院制定了《地方政府性债务风险应急处置预案》，规定地方政府性

〔1〕［美］肯尼思·L.格兰特：《交易风险管理：通过控制风险提高获利能力的技巧》，蒋少华、代玉簪译，万卷出版公司2010年版，第20页。

〔2〕参见贾康、李炜光、刘军民：《关于发展中国地方政府公债融资的研究》，载《经济社会体制比较》2002年第5期。

债务风险实行分级负责，省级政府对本地区政府性债务风险的应急处置负总责任，省级以下的地方各级政府按照属地原则各负其责。国务院有关部门对地方政府性债务风险的应急处置加强指导。这就明确了在地方政府债券融资中，地方政府是风险防控和应急处置的第一责任人，中央政府主要承担指导性责任。

（二）地方政府的信息披露责任与债务报告及公开制度的约束

信息经济学的创始人、1982年诺贝尔经济学奖获得者斯蒂格勒（George J. Stigler，1911—1991）在其著名的代表作《信息经济学》（The Economics of Information）一文的开首即提出："信息是一种有价值的资源。"市场上无论是买者还是卖者，为了获得一个最优价格信息必须进行"搜寻"（search）。[1]信息披露的完善与否关乎每一个投资者的合法权益。地方政府在资本市场发行债券融资，进行信息披露是其必须履行的基本责任。与所有的信息披露义务人一样，地方政府也应保证信息披露的真实、准确和及时性。地方政府债券信息披露包括发行前的披露、发行日信息披露、债券持续期信息披露以及相关重大事项信息披露四个方面。在信息披露的内容上，一般债券与专项债券有所不同。前者的信息披露重在"基本信息、财政经济运行及债务情况等"，后者的信息披露除上述内容外还包括"募投项目情况、募集资金使用情况、对应的政府性基金或专项收入情况以及可能影响专项债券偿还能力的重大事项等"。[2]

为了更好地督促地方政府履行信息披露责任，在当前我国地方政府资产负债表尚未公开的情况下，可以考虑建立债务报告及公开制度来约束地方政府，这也是中央加强地方政府性债务管理的一种举措。[3]地方政府性债务报告制度能够在一定程度上代替地方政府资产负债表全面反映政府的资产负债情况，该制度与地方政府性债务公开制度配合，可以在很大程度上提高公众对于地方政府性债务信息的可获得性，改善地方政府信息披露的透明度和有效性，从而督促地方政府认真履行其在地方政府债券融资中的信息披露责任。

---

〔1〕 See George J. Stigler, "The Economics of Information", *The Journal of Political Economy*, Vol. Lxix, No.3, June 1961: 213.

〔2〕 关于一般债券和专项债券的信息披露分别见《地方政府一般债券发行管理暂行办法》和《地方政府专项债券发行管理暂行办法》的相关规定。

〔3〕 国务院43号文明文规定要完善债务报告和公开制度。

（三）地方政府的债务偿还责任与债权人约束机制

不同于股东，债券持有人在公司即使没有盈余的情况下也享有要求债务人偿还利息与本金的权利。[1]地方政府债券也不例外，“地方政府债券本身，是一种债权债务关系”，[2]按照约定还本付息是地方政府作为债务人必须履行的义务和责任。债务偿还是地方政府债务治理和地方政府债券融资的关键环节，关乎地方政府的公信力和地方政府债券资信，对地方政府债券的可持续发展具有决定性影响。为了确保地方政府能够按照约定条件履行债务偿还责任，除了必要的地方政府偿债保障机制外，还可以引入债权人约束机制来督促地方政府。

债权人是与地方财政政策有重要利害关系的关键角色，因此具有影响地方政府财政行为的能力。[3]理论上，金融市场上债权人群体向债务人提供资金融通的意愿决定着债务人举借债务的能力，理性的债权人不会无缘无故过度放贷给缺乏足够偿债能力的债务人。[4]正因如此，国务院43号文才将强化债权人约束作为地方政府性债务管理的一项措施，规定金融机构购买地方政府债券要符合监管规定。在地方政府债务体系建立后，地方债应主要出售给当地居民，当地居民会基于自身的养老以及福利等问题来决定是否购买，这样就能构成对地方债务的约束。[5]然而，这种通过资本市场上债权人来约束地方政府财政行为的方法是否奏效，还取决于是否具备一系列前提条件。例如债权人对债务人偿债能力的评估与判断以及干预违约的能力，以及债权人的理性程度等。在美国，债权人对于发行人偿债能力的变化十分敏感且会积极干预，因此违约债券的清偿率一般可以达到45%左右。而在我国债券市场，利用债权人来约束地方政府的机制还缺乏实践的条件，原因主要在于三个方面。其一是由于整体上我国债券持有人对于评级机构关于发行人及其所发行债券信用等级的调整不太敏感。其二，我国的地方政府是一个拥有广泛行政权力的特

〔1〕 See James J. Park, “Bondholders and Securities Class Actions”, *Minnesota Law Review*, 2014(99): 590.

〔2〕 王建平：《地方政府债券关系的〈证券法〉调整》，载《证券法苑》(2011年)第5卷。

〔3〕 参见财政部预算司课题组：《地方政府预算约束的硬化》，载《经济研究参考》2009年第43期。

〔4〕 参见黄韬：《央地关系视角下我国地方债务的法治变革》，载《法学》2015年第4期。

〔5〕 参见周小川：《走出危机僵局需要设计新的激励机制》，载《中国金融》2012年第18期。

殊垄断组织，债权人相对于地方政府而言讨价还价的权力十分渺小，这在很大程度上使债权人约束地方政府债务人的能力大为降低。〔1〕其三，由于我国的地方政府不存在破产的可能性，因此金融市场上的债权人不会像看待公司法意义上的公司那样去看待地方政府，债权人在心理上总是预期一旦出现地方政府偿付危机中央政府绝不会袖手旁观，因此实践中作为地方政府债券主要债权人的金融机构对于开展"银证合作"十分热衷。〔2〕鉴于此，恐怕依靠债权人来约束地方政府履行债务偿还责任的机制还需要假以时日方能成熟。

三、地方政府官员任期约束与债券融资的责任追究机制

地方政府官员个人因素对于投融资决策的过多影响也是造成我国地方政府性债务非理性膨胀的一个重要原因。在地方政府举债融资的过程中，尤其是融资平台时代，对于债务资金的具体使用往往未予详细披露，地方官员的决策责任也未能明确，因此容易诱发官员的机会主义行为。〔3〕由于各种原因，我国地方政府的主要负责人，尤其是市、县、乡级政府的负责人工作调动较为频繁，而我国对于政府官员的离任审计制度还不够健全，在这种情况下，官员跨期发债就成为一种必然现象。〔4〕这成为地方政府债务问题中道德风险的一种表现，即本届政府举借债务、留待下届政府偿还债务。源于地方官员的频繁流动，地方政府主要负责人的"权、责、利"往往处于分离状态，这导致了责任机制的失效。也就是说，在地方官员任职的早期阶段，其通常有充足的动机利用所掌握的"权"举借债务开展政绩工程，在获得升迁这种"利益"之后却将偿还债务的"责"留给下一任政府。〔5〕在融资平台时期，正是由于地方政府在举借债务之时通常甚少考虑债务偿还的问题，因此在很大程度上刺激了地方政府的过度举债行为。

---

〔1〕 参见马骏、刘亚平：《中国地方政府财政风险研究："逆向软预算约束"理论的视角》，载《学术研究》2005年第11期。

〔2〕 参见黄韬：《央地关系视角下我国地方债务的法治变革》，载《法学》2015年第4期。

〔3〕 参见金荣学、傅鑫：《构建地方政府性债务责任承担机制的国际经验借鉴——以巴西实施〈财政责任法〉为例》，载《财会月刊》2017年第18期。

〔4〕 参见温来成、彭羽、刘洪芳：《强化我国地方政府举债融资约束机制研究——以美国地方政府破产机制为例》，载《中央财经大学学报》2014年第9期。

〔5〕 参见马骏、刘亚平：《中国地方政府财政风险研究："逆向软预算约束"理论的视角》，载《学术研究》2005年第11期。

我国以地方GDP为标准的"标尺竞争"和"官员晋升锦标赛"体制下，如何在激发地方官员尤其是"一把手"保持经济建设热情的同时有效防范地方政府债务风险，是未来官员考核机制改革的重要内容。[1]就目前而言，为了改善这一状况，结束地方政府的无责举债模式，确立"谁借债谁偿还"的原则，除了建立起严格的本届政府负债与收入匹配机制以外，还应发挥地方政府官员任期约束的作用。地方政府尤其是党政领导的发展意图是推动地方各级政府财政支出运作的真正推动力量，这种推动带来的财政支出不会在会计年度终结日就刚好结束，而必然会延续到政府任期届满为止。因此，建立地方政府官员任期约束以及与其任期跨度相对应的财政预算平衡制度极有必要。就前者而言，主要是指对地方党政官员的任期进行严格规定，地方政府主要负责人在任期内原则上不得频繁调动，地方政府相关官员应对其举债行为负责，并承担相应的行政、党纪以及法律上的责任。[2]地方官员任期跨度的财政预算平衡是与我国现行《预算法》的跨年度预算平衡制度相配套的一项地方政府预算制度，这是指对各级政府在任期内实现预算平衡进行刚性规定，预算审批、管理以及监督部门应在该届政府卸任时开展预算审计，对该届政府任期内的财政积欠以及不合理的债务予以厘清，并且将审计的结果作为该届政府主要官员升职或留任的重要依据。[3]

我国庞大的地方政府性债务的形成与之前地方政府官员的"无责举债"直接相关。对地方政府官员的举债行为苛以责任，是抑制地方政府负债冲动、规范地方政府发债行为的必要手段。对此，《巴西财政责任法》或许可以作为我们规制地方政府官员举债责任问题的借鉴对象。《巴西财政责任法》与《巴西财政犯罪法》相结合，对政府官员任期内的举债行为做出了严格的约束和惩戒。违反《巴西财政责任法》的官员可能将承担包括行政撤职、年内不得担任公职与竞选，甚至被判罚金乃至有期徒刑的后果。例如，《巴西财政责任法》规定地方政府官员存在以下行为之一的，将被处以最高长达4年的监禁：未经

---

〔1〕 参见何扬、王蔚：《土地财政、官员特征与地方债务膨胀——来自中国省级市政投资的经验证据》，载《中央财经大学学报》2015年第6期。

〔2〕 参见温来成、彭羽、刘洪芳：《强化我国地方政府举债融资约束机制研究——以美国地方政府破产机制为例》，载《中央财经大学学报》2014年第9期。

〔3〕 参见郭剑鸣：《从"硬发展"到"硬扩权"：我国地方政府债务膨胀的政治逻辑与风险》，载《社会科学战线》2011年第10期。

立法机关授权举借债务；未经授权进行支出；在没有等值或更高价值抵押物的情况下提供担保；在任期的最后180天内增加人事支出；未经登记发行政府债券。《巴西财政责任法》取得了良好的实施效果，地方政府的财政状况有了明显改善，地方政府负债占财政净收入的比重下降了一半。超过财政责任法规定的赤字率的州的数量有所减少，各州合并账目资金出现了盈余。《巴西财政责任法》通过预算约束的强化使巴西的地方政府有效地解决了债务规模控制问题，不再试图依赖中央的债务救助。[1]

为纠正地方政府官员不正确的政绩导向，遏制地方政府性债务的非理性增长，我国新《预算法》关于地方债的规定确立了地方政府债务责任追究机制，国务院43号文也规定了地方政府性债务考核问责机制。地方债务责任追究与问责机制将政府性债务作为一个硬性指标纳入对地方政府官员的政绩考核之中，对于脱离实际的过度举债、违法违规举债或担保、违规使用债务资金、恶意逃废债务等行为，将追究相关责任人的责任。这不啻是我国对于地方政府性债务管理的严厉举措，对于提高地方政府违约失信的成本，以及有效治理地方党政官员片面追求政绩而大量举债，却将还本付息责任和财政风险留给后任政府以及当地纳税人的现象具有重要意义。关于责任追究，可以通过令其承担行政责任、党政责任乃至法律责任的规定和办法具体实现。而在问责机制方面，则可以通过审计来实现对地方政府官员的问责。2014年7月，中纪委等多个部门联合发布了《党政主要领导干部和国有企业领导人员经济责任审计规定和实施细则》，[2]明确了将地方政府性债务的举借、用途以及风险控制等作为地方各级党委和地方各级政府主要领导干部经济责任审计的主要内容，并将经济责任审计结果作为干部考核和任免等的重要依据。将债务指标纳入地方官员考核、实行责任追究与问责机制的做法有利于矫正地方政府官员举债行为的短视性以及非理性的过度负债，切实转变地方官员“透支未来”的行为，在某种意义上也可以成为当前政府反腐的一种重要机制。[3]

---

〔1〕 参见金荣学、傅鑫：《构建地方政府性债务责任承担机制的国际经验借鉴——以巴西实施〈财政责任法〉为例》，载《财会月刊》2017年第18期。

〔2〕 由中央纪委机关、中央组织部、中央编办、监察部、人力资源社会保障部、审计署、国资委联合发布。

〔3〕 参见郑洁：《地方政府性债务管理与风险治理——基于新〈预算法〉施行的背景》，载《宏观经济研究》2015年第12期。

四、地方政府债券融资中其他参与主体的责任约束

在地方政府债券融资中，地方政府及其主要官员属于第一责任主体，中央政府是次要的责任主体，而参与地方政府债券融资的其他主体也应承担相应的责任。地方政府债券市场的顺利运转，除了地方政府的债券发行人以及中央政府的管理者角色以外，还需要其他相关机构的支持与配合，例如专业代理发行机构、评级机构以及担保机构等。就我国目前而言，地方政府债券的主要参与者是评级机构，评级机构也应对地方政府债券负有一定责任，这种责任主要是指评级机构作为独立第三方对地方政府债券进行评级，保证评级结果的客观公正性的责任。

尽管评级机构一再强调其所出具的评级结果只是一种“意见”，这种“意见”与买卖建议无关。然而事实上，作为一种信息中介，评级机构是以独立第三方的身份代替投资者充当被评级对象监督者的角色。通过对被评级对象的信息甄别，评级机构给出信用评级的结果，投资者将该评级结果作为了解被评级对象的重要信息渠道，正因如此，评级机构通常被视为外部的“守护人”而在金融市场占据重要地位。鉴于评级机构所具有的强大的影响力以及评级结果对于债务市场上投资者的重要作用，债券信用评级的结果绝不可能只是简单的意见表述。评级机构的评级活动实际上已经构成了一种专家行为，其所出具的评级结果类似于专家意见，因此应尽可能确保信用评级的客观、公正和准确性，[1]评级机构必须为其评级承担相应的法律责任，必要时甚至应为评级失误引起的投资者损失进行补偿。[2]《地方政府一般债券发行管理暂行办法》第7条和《地方政府专项债券发行管理暂行办法》第8条分别对两类地方政府债券的信用评级作出了规定，确立了评级机构独立、客观、公正地开展评级工作的原则。这也就意味着，未能独立、客观、公正地对地方政府债券进行评级的评级机构应承担相应的法律责任。

评级机构的责任主要表现为因评级不实而涉及侵权时的民事责任承担问题，具体又分为两种情形。一种存在于评级机构与被评级对象之间，例如地方

---

〔1〕 参见韩玎、鲁篱：《信用评级机构民事责任的实现机制》，载《财经科学》2014年第4期。

〔2〕 参见［德］乌尔里克·霍斯特曼：《评级机构的秘密权力》，王煦逸译，上海财经大学出版社2015年版，译者序第1页。

政府债券发行人。信用评级既能够为被评级对象带来积极的后果，即通过良好评级带来的优势吸引投资者提高其融资的效率。但是信用评级也可能为被评级对象带来不利后果，这主要是指被评级对象的信用能力可能会遭到评级机构的错误评估而使其融资活动受到影响的情形。由此造成的问题需要评级机构对被评级对象承担相应责任。由于被评级对象与评级机构之间存在着明显的合同关系，因此当出现评级失误而引发纠纷时，被评级对象追究评级机构的责任并不特别困难。

评级机构的另一种责任存在于评级机构与投资者之间。由于投资者与评级机构之间往往并不存在直接的权利义务关系（除非投资者为信用评级支付了费用），因此当评级机构的错误评级或不实评级导致投资者受损时，对于评级机构与投资者之间关系的认定以及评级机构责任的承担往往成为现实中的一个难题。目前关于这一问题的趋势是，尽管投资者与评级机构之间并不存在合同关系，但基于投资者对评级机构的信赖，当评级机构对公众投资者失职时，投资者也可以以信赖利益受损为由提起诉讼以实现权利救济。以侵权法模式代替合同法模式实现证券民事责任，这也是当前各国法律的一个最为明显的趋势。〔1〕

第三节 健全我国地方政府债券融资监管机制

与所有的举债行为一样，地方政府负债同样会带来风险，但只要监管得当，这种风险就会被控制在一个合理和安全的范围内。允许地方政府负债，并不必然导致过度负债，其中的关键就在于对地方政府负债的监管。从某种意义上说，我国当前的地方政府性债务危局并不是地方政府债务本身的过错，而是缺乏监管以及监管不当造成的一种必然结果。保障地方政府债券融资的良性运转，必须要健全相应的监管机制。

---

〔1〕 参见倪受彬、施丹婷：《金融危机背景下信用评级机构的法律责任问题初探》，载《社会科学》2009年第8期。

一、明确我国地方政府债券融资的监管主体

地方政府负债是一种涉及多重法律关系并会产生广泛影响的政府行为，理论上，对我国地方政府负债负有监管职能的部门包括财政部、发改委、人民银行、银监会、证监会等。发改委主要对地方政府通过融资平台发行的城投债进行控制，人民银行主要通过其所属的银行间交易商协会监管短期融资和中期票据等，银监会主要通过管控融资平台贷款风险来实现地方债务风险的控制。但是随着融资平台政府融资职能的剥离，以及地方政府债券融资作为我国地方政府举债融资唯一合法方式的确立，发改委、人民银行和银监会等部门在地方政府债券融资中的监管职能将被弱化，财政部和证监会作为地方政府债券融资监管主体的地位将逐渐凸显。

（一）财政部门应成为我国地方政府债券融资规范化运作的监管主体

财政部的主要职能之一，就是"拟定和执行政府国内债务管理的制度和政策……依法制定地方政府性债务管理制度和办法，防范财政风险"。[1]同时，我国现行《预算法》第35条也规定"国务院财政部门对地方政府债务实施监督"。国务院43号文明确规定，"财政部作为地方政府性债务归口管理部门，要完善债务管理制度，充实债务管理力量，做好债务规模控制、债券发行、预算管理、统计分析和风险监控等工作"。由此可见，财政部应该从规范地方政府债务管理的角度，成为我国地方政府债券规范运作的监管主体。但是令人疑惑的是，由财政部负责制定的《地方政府一般债券发行管理暂行办法》和《地方政府专项债券发行管理暂行办法》中却没有关于财政部对于地方政府债券监管职权的明确规定，而只是规定了财政部驻各地财政监察专员办事处对于地方政府债券的监督检查，以及对于地方政府债券的发行、资金使用和偿还等进行规范的权力。未来还需进一步明确财政部作为地方政府债券监管主体的资格以及具体的监管职权。

（二）证券监督管理部门应成为我国地方政府债券市场化运作的监管主体

从人类社会和市场经济发展的客观历史来看，法律对于财产权利的确认

---

〔1〕 参见财政部：《中华人民共和国财政部主要职能》，载http://www.mof.gov.cn/zhengwuxinxi/benbugaikuang/，2016年5月24日访问。

与保障已经快步进入了“权利证券化”的时代，即权利主体对于财产权利的表述与证明，不再单纯地依靠权利主体自我内心的确认，而通常需要在技术上以某种可以为其他社会成员识别的信息载体呈现出来。[1]地方政府债券正是适应这一“权利证券化”的发展趋势而出现的一种证券形式，其所包含的政府信用能够进一步增强对于金融市场投资者的吸引力，因此发行地方政府债券已经成为地方政府市场融资活动中深受投资者青睐的不可或缺的工具或手段。[2]无论地方政府债券在各国具体实践中的表现多么不同，但在本质上所有的地方政府债券都应属于证券的范畴。作为证券的一种，地方政府债券理应受到证券监督管理部门的监管。

在市政债券发达的美国，作为证券监管部门的SEC对于市政债券的监管也经历了从无到有的演变历程。尽管受《美国证券法》和《美国证券交易法》赋予市政债券广泛的豁免权所限，SEC对于市政债券的监管权力受到极大削弱，但SEC仍然可以依据反欺诈条款对市政债券实行直接监管，同时也可以依据《美国证券法》和市政债券规则制定委员会（MSRB）对市政债券进行间接监管。总之，SEC虽然没有直接监管市政债券发行人的职权，但现实中为了保护投资者权益，SEC并没有对市政债券放任不管，而是间接地通过监管经纪商、交易商等市场主体以及强调信息披露等手段来实现监管市政债券的目的。[3]

地方政府债券实现了我国地方政府债务的证券化和市场化，地方政府债券市场理应成为我国证券市场的一部分，而地方政府债券关系则应该被纳入我国《证券法》进行调整。地方政府以市场化模式融资，应受市场机制约束。在地方政府债券市场化运行中，地方政府融资的阳光化和透明化需要通过地方政府债券发行、上市、交易、兑付等制度化的安排和规范化的系统设计予以促进，《证券法》恰好能够提供这样的制度安排和规范设计。[4]承认地方政府债券关系应被纳入《证券法》调整，也就意味着需要认可证券监督管理部门对于地方政府债券的监管权。根据财政部《地方政府一般债券发行管理暂行办法》

---

〔1〕 参见陈甦：《证券法专题研究》，高等教育出版社2006年版，第1～2页。

〔2〕 参见席月民：《我国地方政府债券的发展及其立法跟进》，载《中国法律评论》2014年9月总第3期。

〔3〕 参见张亚秋、赵英杰：《美国市政债券监管体系及其对我国地方政府自主发债监管的启示》，载《金融监管研究》2014年第6期。

〔4〕 参见王建平：《地方政府债券关系的〈证券法〉调整》，载《证券法苑》（2011年）第5卷。

和《地方政府专项债券发行管理暂行办法》的相关规定，符合条件的地方政府一般债券和专项债券应在发行结束后按有关规定及时在全国银行间债券市场、证券交易所债券市场等上市交易，这也就意味着上市交易的地方政府债券必然将接受证监会的监管。

（三）地方政府债券融资中的其他监管者

除了财政部和证监会，地方政府债券融资还可能受到其他主体的监管。例如，发改委在地方政府债券融资中还承担着“前端控制”的作用，也就是说通过加强政府投资计划管理和项目审批，尤其是对债务风险较高地区的新开工项目严格审批，从而在项目审批环节确保地方政府债券发行的必要性。此外，上文提及地方政府债券可能会在全国银行间债券市场上市交易，那么银行间债券市场的监管者当然也就成为地方政府债券的监管者，包括人民银行、银监会以及作为行业自律组织的银行间交易商协会。

二、确定不同监管主体对于地方政府债券融资的监管职责与监管内容

我国地方政府债券的监管主体主要为财政部门和证券监督管理部门，前者的监管职责主要体现在地方政府债券的发行环节，而证券监督管理部门的职责主要是地方政府债券上市交易后的监管。

（一）财政部门对于地方政府债券的监管职责与监管内容

财政部门对于地方政府债券的监管主要在于三个方面。

1.对于地方政府债券融资的合规性监管。

这是指财政部对于地方政府发行债券融资负有确定其是否符合法律规定的监管职责，具体而言应包括以下内容：（1）监管发行债券的地方政府是否符合法律规定的发债主体资格要求，即是否属于我国现行《预算法》第35条规定的经国务院批准的省、自治区、直辖市；（2）监管具备发债主体资格的地方政府所发行的债券规模是否符合批准的额度；（3）监管地方政府债券的发行是否仅限于公益性项目以及所筹集资金是否仅用于公益性资本支出；（4）监管地方政府及其所属部门是否采取发行地方政府债券以外的其他方式举借债务或为任何单位和个人的债务以任何方式提供担保。

2.对于地方政府债券融资中财经纪律的监管。

这是指财政部应通过严肃财经纪律加强对地方政府债券融资的监管，具

体内容涉及地方政府及其所属部门是否存在预算外违法违规举借债务的行为、地方政府及其所属部门是否存在以支持公益性事业为由举借债务用于经常性支出或楼堂馆所建设的行为、地方政府及其所属部门是否存在挪用地方政府债券融资资金或改变既定资金用途的行为等。

3.对于地方政府债券融资风险的监管。

财政部还应通过控制发债规模和限额管理实现对于地方政府债券融资所带来的地方债务风险的监管，包括评估各地区的债务风险状况和对高风险地区进行风险预警，建立地方政府性债务风险预警机制和应急处置机制。

（二）证券监督管理部门对于地方政府债券的监管职责与监管内容

相比于财政部门，证券监督管理部门对于地方政府债券的监管应该更强调相关制度规则的遵守。在我国，证监会对于地方政府债券的监管可能也面临着与美国SEC同样的尴尬，即不享有直接监管地方政府债券发行主体的权力，因此难以实现对地方政府债券的直接监管，而只能通过一些间接的方式来监管地方政府债券。而且，由于并不是所有的地方政府债券在发行结束后都能在证券交易所市场上市交易，因此证监会对于地方政府债券的监管作用极其有限。尽管如此，证监会不应就此放弃对于地方政府债券的监管。与财政部更侧重于发行人融资行为和合规性以及财政纪律方面的监管职责不同，证监会的监管应该从保护投资者权益的角度出发更强调地方政府债券发行人的信息披露。按照财政部对于地方政府债券发行管理的办法，投资者对于地方政府债券须自行承担投资风险。但投资者自行承担投资风险的前提必须建立在地方政府债券发行人严格履行了信息披露义务的基础上，对此财政部也规定了地方政府债券发行人进行信息披露的责任。当地方政府债券符合条件在证券交易所市场上市交易后，证券监督管理部门应对发行人的信息披露情况进行监管。

三、建立地方政府债券融资监管的协调配合机制

尽管我国地方政府债券融资的监管主体主要涉及财政部门和证券监督管理部门，但这并不等于排除了其他部门、单位和机构对于地方政府债券进行监管的权利和空间。事实上，地方政府债券的良性运行既需要政府监管与自律组织监管之间的协调，也离不开相关政府部门在地方政府债券监管方面的相

互配合。

(一)政府监管与自律监管的协调与配合

在我国,以财政部和证监会为核心的政府部门担任了地方政府债券监管的主要角色,但也应注重发挥自律组织监管的作用。自律监管是相对于政府监管而言的另一种监管途径,是指不具备行政强制力的交易所和行业协会依据章程、业务规则等对会员或行业内主体进行监管,是政府监管的有效补充,在构成上包括交易所监管和行业协会监管两个部分。政府监管的优势主要在于其作为法定监管部门的权威性,其拥有的对违法违规行为进行查处的权力能够对被监管对象形成较大的威慑力。但政府监管并非万能,多数情况下的政府监管都是一种事后的监管,这在很大程度上使政府监管深受监管迟滞性的制约。相比之下,自律组织更为贴近市场也更了解市场情况,自律组织可以作为政府监管的沟通桥梁,通过与政府监管部门的协调互动,地方政府债券监管将会更加有效。

(二)政府部门之间的监管协调与配合

对于地方政府债券监管,既要防止出现监管部门之间的"地盘之争"(Turf War),[1]也应避免因监管部门之间的协调不当出现监管漏洞或监管真空。政府部门之间对于地方政府债券的监管协调与配合主要涉及两个方面。

1.财政部门上下级之间的协调与配合。

这是指财政部与地方财政部门之间就地方政府债券监管所涉及问题的沟通、协调与配合。例如,地方政府财政部门对于本地区地方政府债券的发行安排、信用评级、信息披露、承销团的组建、发行兑付等的有关规定需报财政部备案,在债券发行过程中的重大事项要及时向财政部报告,对于每一次的债券发行以及债券发行的全面状况都需要向财政部以及财政部驻当地财政监察专员办事处进行报告。

2.财政部门与其他政府部门的协调与配合。

这是指针对地方政府债券监管,财政部需要与其他相关政府部门,例如国

〔1〕 受自身利益诉求以及监管对象的压力与影响,金融监管机构在尽力维持已有监管范围的同时,也试图积极侵入和削减其他金融机构的势力范围,这就是金融监管机构之间的"地盘之争"。参见罗培新:《美国金融监管的法律与政策困局之反思——兼及对我国金融监管之启示》,载《中国法学》2009年第3期。

家审计部门、发改委以及证监会等进行协调与配合。例如，对于地方政府债券融资中相关官员是否存在过度负债行为，就需要审计部门通过任期或离任审计予以监管配合；对于确保地方政府债券融资资金是否用于公益性项目，也需要发改委在项目批准环节进行把关。此外，对于地方政府债券的信息披露监管，尤其需要财政部门与其他相关部门的协调、沟通与配合，特别是与证券监督管理部门进行配合，因为后者作为证券市场专业的监督管理者，在信息披露监管方面所具有的经验优势正是前者所欠缺的。无论是从提高监管的有效性还是从完善信息披露规则的目的出发，财政部门都应该就如何更好地监管地方政府债券与证券监督管理部门进行协调与互动。

（三）形成协调配合的多层次地方政府债券监管体制

对于我国地方政府债券的监管，应形成财政部门、证券监督管理部门、发改委、审计部门等共同组成的多层次监管体制，同时促使各部门内部、上下级之间以及各部门之间的积极协调和通力配合，使每一监管主体在地方政府债券监管方面各有侧重、互为弥补。其中，国家发改委的监管作用主要体现在通过项目批准环节避免不必要的项目建设，从而减轻地方政府的过度负债和财政赤字现象；财政部门的监管应着重于根据宏观经济政策的具体要求，确保地方政府的债券融资合法合规并且遵守财政纪律；而证监会的监管则应侧重于对地方政府债券的发行、流通以及运作等工作进行管理与监督。[1]

第四节　完善我国地方政府债券融资监督机制

地方政府债券能够促使地方政府的融资活动从隐蔽走向公开，实现地方政府负债行为的透明化和阳光化。然而对于我国而言，地方政府债券融资刚刚步入正轨，在规范化和市场化运作方面还存在很大的改进空间，除了硬化预算、强化责任约束和健全监管机制以外，完善相应的监督机制也是一种重要的约束地方政府债券融资的法治途径。

---

〔1〕 参见贾洪文、胡琴：《中央代发地方政府债券的理论分析与实践探讨——以2009年地方政府债券为例》，载《甘肃行政学院学报》2009年第6期。

一、强调权力机关对于地方政府债券融资的监督制约作用

在我国，人民代表大会及其常委会是代表人民依法行使国家权力的机关，人大及其常委会的性质决定了其监督不是可有可无、时断时续的监督，也不是一般的上下级之间的工作监督，而是在本级行政区域内代表国家和人民行使的最高形式的监督，体现的是人民当家做主、管理国家事务的民主权。[1]

根据我国《各级人民代表大会常务委员会监督法》第2条第1款："各级人民代表大会常务委员会依据宪法和有关法律规定，行使监督职权。"监督地方政府债券融资活动也是人大及其常委会履行监督职能的具体表现之一。依据现行《预算法》，地方政府举借债务须受全国人大或其常委会、国务院控制监督，同时还要接受同级人大常委会监督，人大及其常委会对于地方政府债券的监督可以由政府预算制度实现。根据《各级人民代表大会常务委员会监督法》第3章的规定，"审查和批准决算，听取和审议国民经济和社会发展计划、预算的执行情况报告，听取和审议审计工作报告"是各级人民代表大会常务委员会履行监督职能的重要方式和内容。全国人大及其常委会拥有批准地方政府举借债务规模的权力，省、自治区、直辖市在国务院下达的限额内举债，列入本级预算调整方案，并报本级人大常委会批准。

将地方政府债券纳入政府预算之后，地方人大及其常委会可以通过对政府预算的审查监督实现对地方政府债券融资的监督权。地方政府发行债券的依据、政府负债的可承受规模以及发债可能带来的风险等都应纳入人大的监督范围。对于地方政府通过发行债券的方式进行的投资建设计划，人大可以要求其实行项目论证、评估以及审批，以此来确保人大真正代表人民利益和意志。具体而言，一是要加强人大监督与政府内部监督之间的沟通，向社会公开公共资金的使用情况；二是结合政府的内部监督，使人大监督侧重于地方政府财政预算的预审和预算绩效方面；三是对地方人大预算监督的方式进行必要改进，比如应结合地方政府的计划目标实行预算绩效监督等。[2]此外，地方人大还可以通过对地方政府发债的规模、资金用途、项目效益情况、潜在的风险

---

〔1〕 参见郁贤：《关于人大及其常委会的监督工作问题》，载《政治与法律》1999年第2期。

〔2〕 参见莫兰琼、陶凌云：《我国地方政府债务问题分析》，载《上海经济研究》2012年第8期。

等进行必要的评审和论证，然后决定是否批准。尤其在债券发行环节，地方人大可以在程序上要求单笔或用于某一项目的累计发债金额达到一定规模以上的地方政府债券须经公开听证程序，由人大或其常委会审议表决批准后才能发债。对于获得批准发行的地方政府债券，地方人大及其常委会也可以对其发行情况、资金使用情况等进行持续的监督。

二、利用审计手段加强地方政府债券融资的财政监督

国家审计是指由政府机关作为审计主体依法进行的审计活动，其目标是通过监督被审计单位财政收支以及有关经济活动的真实性、合法性和效益性，维护国家经济安全，推进民主法治，促进廉政建设，保障国家经济和社会健康发展。[1]作为一种特殊的经济控制手段，国家审计是政府监管的一种方式，是国家治理的重要组成部分。

国家审计在我国地方政府性债务治理中发挥了重要作用。国家审计的核心目标，是对地方政府性债务的规模和结构等信息的真实性进行甄别，并提供动态的风险预警机制。在地方政府性债务风险管理方面，国家审计具有独立性、专业性和权威性的优势。[2]2011年以来，国家审计署曾针对地方政府性债务问题开展过两次全国范围的审计工作。通过国家审计，基本摸清了我国地方政府性债务规模，这为我国有的放矢地制定和实施地方政府性债务治理的政策及规定奠定了基础。事实上，审计对于地方政府债务治理的作用远不止于摸清债务规模。在地方政府债券融资模式下，审计更为重要的作用还体现在对于地方政府官员权力滥用和“寻租”行为的抑制方面，通过这种抑制作用的发挥从而规范地方政府的债券融资行为。

在我国，地方政府官员尤其是“一把手”通常拥有过于集中的最终决策权以及支配公共资源的权力，这使他们能够有足够的空间在地方政府融资过程中利用公共权力谋取私利。[3]在某种程度上，解决地方政府性债务问题的关键之一就在于能否遏制地方政府官员利用权力过度融资的行为。审计作为国家

〔1〕 参见李晓钟：《审计债市：债券市场审计监管理论与实务》，中信出版社2014年版，第132页。

〔2〕 参见宋夏云、马逸流、沈振宇：《国家审计在地方政府性债务风险管理中的功能认知分析》，载《审计研究》2016年第1期。

〔3〕 参见周黎安：《转型中的地方政府：官员激励与治理》，上海人民出版社2008年版，第49～51页。

依法以权力制约权力的行为，是国家治理系统中内生的具有预防、揭示和抵御功能的“免疫系统”。[1]作为对政府财政权的制约和监督机制，国家审计是通过对经济权力行使者的监督来制约行政权的扩张，使政府官员能够按照公开、真实、有效的管理目标运用人民和权力机关赋予的财政权力，从而达到规范地方政府融资行为的目的。我国有学者通过实证研究发现，国家审计的力度越强，越有可能降低官员权力异化对于地方政府负债的影响程度，并继而降低地方政府负债的增长速度以及债务风险。研究结论认为，较强的国家审计力度有助于防止地方政府官员权力滥用和寻租行为，从而规范地方政府的融资行为。[2]

为了防止地方政府性债务继续膨胀，国家对于地方债治理的新规已经确立了责任追究和问责机制，这一机制的具体实现还需要借助于审计这一重要手段。在地方政府换届或者主要官员更换时，严格的债务审计程序能够确保地方政府性债务在各界政府之间的顺利承继，避免发生地方官员过度举债而无须负责、上届政府举债下届政府还债的现象。当然，审计对于地方政府债券融资的监督作用绝不限于对地方主要官员任期内和离任时的债务审计，而应该使地方政府举债行为的审计常态化，并且将审计结果作为惩戒违规行为、评定政府信用以及决定地方政府官员留任和升迁的重要依据。

三、确保社会公众监督地方政府债券融资的渠道畅通

实现地方政府举债阳光化最有效的途径，是将地方政府举债置于整个社会的监督之下，保障社会公众对于地方政府债券融资监督渠道的畅通无阻，为此，我们还需要在以下方面有所突破。

（一）搭建信息平台便利公众获取监督地方政府债券融资所需的信息

与其他非政府债券的信息披露主要基于投资者保护的制度初衷不同，地方政府债券的信息披露既是投资者据以作出投资决策的基本依据，也是公众作为纳税人了解地方政府负债情况的重要渠道。在强调地方政府债券信息披

〔1〕 参见汪彦、陈国裕：《审计署审计长：切实发挥审计的“免疫系统功能”》，载http://www.gov.cn/gzdt/2010-07/13/content_1652836.htm，2016年5月25日访问。

〔2〕 参见蒲丹淋、王善平：《权力异化、国家审计与地方政府负债》，载《财经理论与实践》2012年第5期。

露的同时，还应注意社会公众对于所披露信息的可获得性。地方政府发债的行为以及相关的信息应该作为政府信息公开事项，将其置于社会公众的监督之下，这既是公众作为纳税人应该享有的权利，也是保障地方政府债券融资规范化运作的一种外部监督机制。地方政府对于债务的确认、记录、报告等信息，地方政府发行一般债券和专项债券所涉及的相关信息，都应该通过适当的渠道予以公开，其中，建立信息平台就是促进地方政府债券融资信息公开的一种重要途径。信息平台使得地方政府性债务状况置于政协、新闻媒体、人民群众的广泛监督之下，有利于提高债务管理的透明度，实现地方政府融资行为的阳光化，[1]保障地方政府债券融资的效率与安全。

（二）引入地方政府债券融资的公众听证制度

在政府通过公共投资实现资源优化的过程中，面临着许多问题，例如通过何种程序实现、如何解决公共投资的科学与合理性、如何保证群体内全体的公平收益、如何考察和保证公共投资自身的效率等。引入合理的公共投资项目决策程序制度对于解决上述问题至关重要。无论是从公共投资所追求的社会公平正义的价值来看，还是从实现公共投资项目本身的效率来看，社会公众的参与都是极为重要的程序制度，它不仅有助于公共投资项目公平和效率目标的实现，更重要的是有利于克服由政府提供公共产品所带来的诸如官僚作风、效率低下、新的社会不公、寻租以及腐败现象等一系列负面效应。听证制度是现代民主制度普遍推行的一种用以保证各方利益主体平等参与公共决策过程并最终实现决策的民主化、公开化、公正化、科学化乃至法制化的重要制度设计。[2]

公共投资决策作为保障民主、实现投资公平与效率的公众参与程序，应普遍推行采取听证制度，[3]其中就包括在拟通过发行地方政府债券进行融资的公益性项目的决策中，实行公众听证，使社会公众及时了解拟发债地方政府的债务情况，并能够通过听证程序参与到发债决策中去。在地方政府债券中引入

---

〔1〕 参见张同功：《新常态下我国地方政府债务风险评价与防范研究》，载《宏观经济研究》2015年第9期。

〔2〕 参见彭宗超、薛澜：《政策制定中的公众参与——以中国价格决策听证制度为例》，载《国家行政学院学报》2000年第5期。

〔3〕 参见郑书前：《公共投资决策程序的社会公众参与研究——以听证制度为视角》，载《云南大学学报：法学版》2007年第2期。

听证制度，既是赋予公众决定自己福利的权利，也是将公共产品的公平性、社会资源配置、代际公平的考量纳入民主程序的一种实现途径。听证制度通过将民主参与和民主监督引入与地方政府负债相关的项目决策之中，能够促进决策机构提高决策的效率与决策的水平。

（三）建立回应—反馈机制处理公众对于地方政府债券融资的建议和意见

社会公众对于地方政府债券融资的监督，除了能够便利地获得监督所需的信息和拥有参与决策的程序机制之外，还离不开回应—反馈机制来处理公众对于地方政府债券融资的建议和意见。如果缺少了这一机制，则社会公众对于地方政府债券融资的监督效果就会大打折扣。回应—反馈机制是指社会公众在了解地方政府债券融资相关信息的基础上，既可以结合听证制度对地方政府融资活动提出意见和建议，也可以对地方政府债券融资中的违法违规行为，以及所认为的不符合市场化运作的现象通过该机制反应给地方政府相关部门，而地方政府相关部门在收到这些意见、建议和举报等后，应在合理期限内对意见、建议的提出者或举报人给予答复并作出回应。值得一提的是，我国在这方面已经做出了实际行动。例如，财政部在其官方网站上设立了“地方政府违法违规举债融资举报信箱”。另外，公众也可以通过投诉举报、意见征集等多种方式，对地方政府债券融资活动进行公众监督。

当然，社会公众对于地方政府债券融资的监督效果，还受制于当前我国以经济增长为核心目标的地方竞争模式。在这一体制下，公众的意愿对于官员的升迁并不具有决定性作用，即便公众不同意举债，地方政府的大量举债行为对其升迁也不会产生重大的影响。这导致社会公众对于地方政府债务的监督形同虚设。所以，发挥社会公众对于地方政府债券融资监督机制的效果，还要建立在改革现行的地方竞争模式和地方官员政绩考核制度的基础上，使地方政府及其官员真正“为居民满意”而开展地方竞争，使公众的满意度直接关系地方政府官员的升迁，在此基础上社会公众监督才能够发挥应有的功能。对于地方政府官员而言，当社会公众的满意成为决定其仕途命运的重要砝码时，就不得不慎重考虑公众意愿谨慎发债；对于公众而言，毕竟作为地方政府债务的最终承担者，其在本质上也具有降低地方债务规模的要求，[1]当有了通畅的民意表达和监督渠道而预期的体制又能够确保监督的有效性时，自然也会遵从理性对地方政府的债券融资活动进行适当监督。

---

〔1〕 参见李淑娟:《竞争模式转变与地方政府投融资行为——兼论我国地方债务的治理》，载《现代经济探讨》2015年第9期。

第五章　法治化地方政府债券市场的制度建构

地方政府债券作为一种市场化的政府融资手段，投资者的行为选择在很大程度上决定着这一市场的发展命运。不受投资者青睐的地方政府债券必将由于缺乏市场动力而难以持续发展。吸引投资者的最为有效的办法，无非是在法制框架内不断健全和完善地方政府债券制度，将地方政府债券市场打造成一个能够切实保障投资者权益的既安全又有效的法治化债券市场。

第一节　我国地方政府债券融资法制框架的完善

完善的法制框架是地方政府债券市场顺利运行的基本保障。新《预算法》的颁布实施促成了我国真正意义上地方政府债券的诞生，但由于刚刚起步，我国地方政府债券市场的发展还深受法律制度体系不够完善的制约。除《预算法》外，目前我国规制地方政府债券的主要依据是财政部颁布的《地方政府一般债券发行管理暂行办法》和《地方政府专项债券发行管理暂行办法》，以及财政部出台的其他规范性文件（详见表5-1）。这些文件虽然对地方政府债券发行的主体、程序、信息披露以及监督管理等作出了规定，但还存在三个方面的缺陷：一是法律规范的层级低；二是政府行政文件色彩浓厚，缺乏法律的专业与严谨性，对于权利、义务和责任的规定不够明确；三是规范的内容不够细致。[1]显而易见，未来还需要不断完善我国地方政府债券融资的法制框架。

表5-1　1993～2017年我国地方政府债券政策与法律演进情况

颁布时间（年）	颁布单位	名称	主要内容
1993	国务院	《国务院关于坚决制止乱集资和加强债券发行管理的通知》	制止各种违反国家规定的集资，加强债券发行管理，严控债券发行规模，加强关于债券发行的审批工作等。
1994	全国人大	《中华人民共和国预算法》	第3条，关于各级预算应做到收支平衡的规定； 第28条，关于地方各级预算不列赤字，以及地方政府不得发行地方政府债券的要求。
2009	国务院	《国务院关于安排发行2009年地方政府债券的报告》 《国务院关于发行2009年地方政府债券有关问题的通知》 《2009年国务院政府工作报告》	同意发行地方政府债券2000亿元并就相关事宜向全国人大常委会进行汇报，同时对财政部代理发行问题作出部署。
	财政部	《2009年地方政府债券预算管理办法》	就地方政府债券收支预算管理进行规定。
2010	国务院	《国务院关于加强地方政府融资平台公司管理有关问题的通知》	加强对融资平台公司管理，要求地方各级政府全面清理平台公司债务，对融资平台公司进行清理规范，加强融资平台公司的融资管理及与银行业金融机构等的信贷管理，坚决制止地方政府违规担保承诺行为。
2011	财政部	《2011年地方政府自行发债试点办法》	规定上海、深圳、广东、浙江从2011年起可自行组织发债，对四个试点的自行发债进行规定。

〔1〕 参见张宇润：《地方债券化解地方政府债务结构风险的法律应对》，载《江淮论坛》2016年第1期。

续表

颁布时间（年）	颁布单位	名称	主要内容
2012	财政部、发改委、人民银行、银监会	《关于制止地方政府违法违规融资行为的通知》	针对地方政府违法违规融资抬头之势，作出如下要求：严禁直接或间接吸收公众资金违规集资，切实规范地方政府以回购方式举借政府性债务行为，加强对融资平台公司注资行为的管理，进一步规范融资平台公司的融资行为，坚决制止地方政府违规担保承诺行为。
2013	中国共产党第十八届三中全会	《中共中央关于全面深化改革若干重大问题的决定》	提出了“发展并规范债券市场，提高直接融资比重”“建立权责发生制的政府综合财务报告制度，建立规范合理的中央和地方政府债务管理及风险预警机制”“建立规范透明的城市建设投融资体制，允许地方政府通过发债等多种方式拓宽城市建设融资渠道”等要求。
	财政部	《2013年地方政府自行发债试点办法》	增加江苏和山东为自行发债试点，试点地区扩大到6个，对试点地区的自行发债进行规定。
2014	全国人大常委会	《中华人民共和国预算法》（2014年修正）	第35条，具体涉及地方各级预算编制，地方政府举债的主体、举债规模的批准、举借债务列入预算的要求、举借债务的偿还及资金用途、举借债务的方式限定、不得担保、配套机制以及债务监督等。
	国务院	《国务院批转发展改革委关于2014年深化经济体制改革重点任务意见的通知》	同意发改委《关于2014年深化经济体制改革重点任务的意见》，要求各省、自治区、直辖市人民政府，国务院各部委、各直属机构认真贯彻执行。

续表

颁布时间（年）	颁布单位	名称	主要内容
2014	国务院	《国务院关于加强地方政府性债务管理的意见》	规定了国务院对于地方政府性债务管理的总体要求，加快建立规范的地方政府举债融资机制，对地方政府债务实行规模控制和预算管理，控制和化解地方政府性债务风险，完善配套制度，妥善处理存量债务和在建项目后续融资等问题。
		《国务院关于深化预算管理体制改革的决定》	按照新修订的《预算法》，改进预算管理，实施全面规范、公开透明的预算制度，就深化预算管理体制改革作出四个方面的决定。
	发改委	《关于2014年深化经济体制改革重点任务的意见》	提出了规范政府举债融资制度的要求，包括建立以政府债券为主体的地方政府举债融资机制，剥离融资平台公司的政府融资功能，对地方政府债务实行限额管理以及分类纳入预算管理，推行权责发生制的政府综合财务报告制度，建立考核问责机制和地方政府信用评级制度，建立健全债务风险预警及应急处置机制，防范和化解债务风险。
	财政部	《2014年地方政府债券自发自还试点办法》	将原有6个自行发债试点地区扩大为10个，新增地区为北京、江西、宁夏、青岛，对10个试点地区地方政府债券的自发自还事宜进行规定，提出了信用评级要求。
		《关于2014年地方政府债券自发自还试点信息披露工作的指导意见》	对2014年试点地区地方政府债券的信息披露工作提出指导意见，涉及发行前、发行日、债券存续期以及相关重大事项等的信息披露问题。

续表

颁布时间（年）	颁布单位	名称	主要内容
2014	财政部	《关于2014年地方政府债券自发自还试点信用评级工作的指导意见》	对2014年试点地区地方政府债券的信用评级工作提出指导意见，涉及总体要求、择优选择信用评级机构、规范实施信用评级等问题。
		《地方政府存量债务纳入预算管理清理甄别办法》	进一步加强地方政府性债务管理，就地方政府存量债务清理甄别纳入预算管理进行规定。
2015	财政部	《地方政府一般债券发行管理暂行办法》	对地方政府一般债券的发行问题进行了规定。
		《地方政府专项债券发行管理暂行办法》	对地方政府专项债券的发行问题进行了规定。
		《2015年地方政府一般债券预算管理办法》	对2015年的地方政府一般债券的预算管理进行规范。
		《2015年地方政府专项债券预算管理办法》	对2015年的地方政府专项债券的预算管理进行规范。
2016	国务院	《地方政府性债务风险应急处置预案》	建立健全地方政府性债务风险应急处置工作机制，规定了组织指挥体系及其职责、预警和预防机制、应急响应、后期处置、保障措施等。
		《关于对地方政府债务实行限额管理的实施意见》	切实加强地方政府债务限额管理，建立健全地方政府债务风险防控机制，妥善处理存量债务。
	财政部	《地方政府一般债务预算管理办法》	规范地方政府一般债务预算管理，适用于地方政府一般债券。
		《地方政府专项债务预算管理办法》	规范地方政府专项债务预算管理，适用于地方政府专项债券。

续表

颁布时间（年）	颁布单位	名称	主要内容
2016	财政部	《地方政府性债务风险分类处置指南》	对地方政府债券、非政府债券形式的存量政府债务、清理甄别认定的存量或有债务，坚持以法治化、市场化原则分类处置地方政府债务风险。
		《财政部驻各地财政监察专员办事处实施地方政府债务监督暂行办法》	加强财政部对地方政府债务的监督，就专员办监督责任与权力、监督行为的规范等进行规定。
2017	财政部	《新增地方政府债务限额分配管理暂行办法》	作出了新增地方政府债务限额的管理权限及程序、新增限额的分配办法、新增地方政府债务限额分配管理工作中违反该办法以及其他违法违纪行为的处罚等方面的规定。
	财政部 发改委 司法部 人民银行 银监会 证监会	《关于进一步规范地方政府举债融资行为的通知》	全面组织开展地方政府融资担保清理整改，加强融资平台工资融资管理，规范政府与社会资本方的合作行为，进一步健全地方政府举债融资机制，建立跨部门联合监测和防控机制，大力推进信息公开。
	财政部 国土资源部	《地方政府土地储备专项债券管理办法（试行）》	对地方政府土地储备专项债券作出了额度管理、预算编制、预算执行和决算、监督管理以及职责分工等方面的规定。

一、关于地方政府负债问题的宪法依据与宪法规制

在某种意义上，当代国家正在从租税国家向债务国家转变，[1]公债将在国家与公民之间产生一种债权债务关系，而这种关系具备宪法关系的形式特征，宪法应对公债的发行提供根本的依据和规制原则。

〔1〕 参见蔡茂寅：《论公债的宪法课题》，载《现代国家与宪法：李鸿禧教授六秩华诞祝贺论文集》，月旦出版股份有限公司1997年版，第1405页。

（一）宪法规制公债的缘由与公债发行的宪法界限

正常情况下，政府应以税收作为汲取公共财政的主要途径，尽量避免举债度日以维护税收负担公平原则。政府举借的债务虽然不属于税收，但其实质仍然是一种财政负担，最终仍需通过税款保障其偿还。一旦发生债务危机，政府的解决之道要么是削减公众的社会福利，要么就大幅度提高税收负担。[1]通过举债支付的公共财政扭曲了本应通过征税维持的公共负担结构，同时也极大地损害了税收公平的基本价值。在代议制民主机制下，由于其并不能实现代内的公正且缺乏公共德行，也不能够保障代际人权，因此不足以控制公债。而公民表决机制则因受到客观条件的限制，在控制公债方面也不够现实。公债涉及国家信用和执政合法性，市场经济条件下中央和地方之间的财权、财力的合理配置，以及经济自由权、平等课税权、生存权等基本权利保障等都决定了必须用宪法来规制公债。[2]

除却经济和政治因素的考量之外，公债发行的宪法依据问题主要还在于其与宪法原则和宪法价值之间存在一定的冲突，因此公债的发行必须妥善处理这些冲突，严格恪守宪法不可逾越的界限。（1）公债的发行应适用法律保留原则。我国《立法法》第8条和第9条规定了法律保留原则，公债涉及国家与公民之间的分配关系，在内容上属于财政的范畴，对政府发行公债适用法律保留原则是我国《立法法》的要求。对公债的发行适用法律保留原则，一方面是为了防止行政机关借举债的方式来掏空立法机关的预算权；另一方面也是为了确保政府信息的公开，使公众能够全面知悉公共财政情况。（2）发行公债的用途应受到限制。这是由于若发行公债被用于公共消费而不是对当代及后代人有利的投资，则发行公债的实际目的就违背了代际平等的理念。（3）发行公债的规模应受到限制。这是为了防止滥发公债给政府执政的财政基础和政府信用，以及给当代及后代人的社会福利造成不利影响。关于公债发行的适度规模，应考量发行引起财政僵化的可能性、政府偿债能力以及公民对于公债的承受程度等，通过民主程序保证公债发行规模的适度性不失为一种可行的思路。[3]

---

〔1〕 参见熊伟：《预算法应成为管理政府的工具》，载《社会观察》2012年第9期。

〔2〕 参见冉富强：《宪法规制公债之必要性探析》，载《河南社会科学》2012年第2期。

〔3〕 参见王锴：《论公债的宪法基础》，载《中州学刊》2011年第3期。

（二）他山之石：其他国家关于地方政府负债的宪法规制

一些国家的宪法已经对地方政府负债问题作出了明确规定，例如2003年的《法国宪法修正案》就明确了地方政府自由举债的权力；《澳大利亚宪法》也明确赋予了地方政府的举债权，而且还针对地方债务的失控建立了比较完善的联邦接管制；《肯尼亚宪法》也明确规定了地方政府只有在中央政府基于借款担保以及获得本级议会批准的情况下才能借款。[1]日本在20世纪90年代时因国内金融机构授信能力的不断恶化，导致政府和企业纷纷转向债券市场寻求资金支持。随后通过修改《日本宪法》，日本地方政府也被赋予了举债的权力，可以通过发行地方政府债券进行融资。[2]

美国州和地方政府直接举债的历史已经逾越百年，这与美国州宪法对于地方公债的控制不无关系。19世纪二三十年代，一场经济上的大恐慌使美国经济骤然紧缩，致使此前各州利用举债投资的许多基础设施未能产生预期收益，各州面临严重的债务危机。之后，为防止再次发生类似的地方债务危机，许多州开始修改宪法，对于政府发行"全信誉和信用公债"进行限制。截至20世纪90年代初，美国各州中仅有5个州未对全信誉与信用公债进行控制。州宪法规定公债（或者有的州规定超过一定数额的担保公债）的发行需通过全民公决，除了对以一般财产收入为担保的一般责任公债进行限制外，一些州宪法对以公债项目自身收入作为偿债来源收入的公债也给予一定的宪法控制。[3]此外，州宪法还规定政府举债只能用于公共目的，限制州和地方政府为私人企业提供资金支持。

（三）我国关于公债发行的宪法规制与未来地方政府负债的宪法原则

我国《宪法》对于公债发行并没有明确的直接规定。根据我国台湾地区学者葛克昌的观点，公债发行的宪法依据应在于规定国家任务的立法权。公民购买公债的行为是将本用于消费的资金投资于公债并最终用于公共建设，故在这一层面来看公债具有改变消费与积累的关系的作用。而根据我国《宪法》第14条第3款，"国家合理安排积累和消费，兼顾国家、集体和个人的利益，在

[1] 参见谭波：《破解我国地方债务问题的法治思考》，载《中州学刊》2015年第8期。
[2] 参见乔桂明、郝雨时：《我国发行市政债券的条件与环境研究》，载《苏州大学学报》2012年第6期。
[3] 参见冉富强：《美国州宪法公债控制的方式、实效及启示》，载《政治与法律》2011年第9期。

发展生产的基础上，逐步改善人民的物质生活和文化生活”，因此不妨将此作为我国公债发行的宪法依据。[1]

如果说1994年的分税制改革是我国央地关系合理建构在宪治方向迈出的第一步，那么地方公债制度则通过再次确认中央与地方在财政上的权利与义务，巩固了“央—地”间的权力分立，在客观上实现了中央政府对地方政府作为独立的“利益主体”和“政治主体”身份的肯定。从这个意义上来说，地方公债制度对于我国宪政建设的积极意义自不待言。[2]我国《宪法》对于地方政府负债问题还没有明确的规定，未来可以通过顶层布控来实现宪法对于地方政府负债的规制。《宪法》应明确公共财政的地位，还应通过细化的代议制程序，对债务规模进行合理控制，应规定地方债务的中央控制机制和区域公平机制，同时应明确中央控制和挽救地方债务危机应遵循的原则，明确最高国家权力机关及其常设机构、中央人民政府、地方国家权力机关及其常设机构关于地方债务的控制方法以及在侧重程度方面的区别等。宪法对于地方政府负债的规制是一种顶层布控，实际上是为系统、具体的财政立法铺垫基础。[3]

二、纳入《证券法》调整抑或制定《地方公债法》：关于我国地方政府债券基本法的两种思路

地方政府债券作为地方政府依法举债的金融工具，具有纳入《证券法》调整的必要性和可行性，但还有一种思路就是在现行地方政府债券规则的基础上制定一部专门的《地方公债法》对地方政府债券融资进行规制。

（一）思路之一：地方政府债券纳入《证券法》调整

根据我国现行《证券法》第2条第2款的规定，政府债券的上市交易适用《证券法》。2014年《预算法》修改后，地方政府获得了合法的适度举债权，地方政府依法发行的地方政府债券当然属于政府债券的范畴，因此地方政府债券理当纳入《证券法》进行调整。地方政府发行债券形成的地方债务存在一定风险，《证券法》对于地方政府债券发行条件、上市交易、兑付条件以及担保条件等的科学、合理的设计能够在很大程度上化解地方政府债券的流动性风

[1] 参见王锴：《论公债的宪法基础》，载《中州学刊》2011年第3期。

[2] 参见苗连营、程雪阳：《宪法学视域中的地方公债制度》，载《河南社会科学》2010年第1期。

[3] 参见谭波：《破解我国地方债务问题的法治思考》，载《中州学刊》2015年第8期。

险。将地方政府债券纳入《证券法》的常规性调整制度之中,《证券法》就能够担当起区域性证券市场在地方政府债券发行把关层面的核心职能,从而也担负起建设区域性证券市场的任务。《证券法》也能够从市场约束机制的角度为地方政府债券融资提供制度安排和规范设计,促进融资行为的阳光化和透明化,因为利用资本市场融资的地方政府必须使其融资行为接受市场的监管和约束。[1]

证券法理当成为规制地方政府债券的基本法,但遗憾的是,我国现行《证券法》中关于债券规则的立法整体上十分薄弱。我国的债券立法目前基本上是由《证券法》中的债券规则构成的,而这是2005年从《公司法》中的相关规则"移栽"而成的。当前《证券法》中的债券规则不仅寥寥无几且多年未有变动,债券规则"依附股票规则的边缘化状态也难以满足为债券市场发展保驾护航的迫切需要,更遑论肃正不端行为,统一债券市场竞争秩序"。[2]当前恰逢我国《证券法》修改之际,应利用这一契机完善《证券法》中的债券规则,同时有必要对政府债券进行专门规制,推动地方政府债券市场向着法治化的方向发展。

(二)思路之二:制定《地方公债法》规制地方政府债券融资

随着《预算法》的修改实施,发行地方政府债券的法律障碍被清除,地方政府的举债融资行为合法化,发行地方政府债券成为一种常态化的地方政府经济行为。证券法作为规范证券发行和交易行为的基本法律,固然可以对地方政府债券的发行与上市交易进行规制,但囿于证券范围的广泛性,证券法的规制最多只能细化到每一类别的证券,这就决定了证券法不可能契合地方政府债券本身的特性进行专门的规则制定,也难以做到规制内容上的面面俱到和细致周全。因此,在现行《预算法》的基础上,结合当前关于地方政府负债和地方政府债券的各项规章制度和政策措施,制定一部适合我国国情的《地方公债法》作为规制地方政府债券融资的基本法也是一种思路。

《地方公债法》应该集实体与程序为一体,在内容上应该涵盖地方政府债

---

〔1〕 参见王建平:《地方政府债券关系的〈证券法〉调整》,载《证券法苑》(2011年)第5卷。

〔2〕 参见洪艳蓉:《〈证券法〉债券规则的批判与重构》,载《中国政法大学学报》2015年第3期。

券的发行、流通、转让、使用、偿还、管理、监督等，[1]另外还应规定地方政府债券发行应遵循的基本原则以及相关主体的法律责任等。此外，《地方公债法》还应着重于地方政府债券本身的特点进行制度规则的设计，尤其要对信息披露规则、信用评级规则、风险预警及控制机制、偿债保障机制等重要制度机制作出科学合理的规定。

三、关于地方政府债券的税法调整

美国市政债券的历史甚至远远早于所得税征收的历史，其市政债券市场之所以成功的最为重要的因素之一，就在于美国对市政债券实行的税收减免优惠。根据美国《1986年税收改革法案》，市政债券的税收优惠由市政债券的募集用途决定：用于公共目的的债券，利息收入免缴联邦所得税；用于私人项目的债券，需要缴纳联邦所得税，但可以免缴发行所在州的所得税和地方政府的所得税；用于非公共、非私人项目的市政债券发行受严格限定，可享受最低税收的优惠待遇。[2]税收减免一方面避免了双重征税，减轻了市政债券投资者的纳税负担；另一方面也降低了市政债券的发行成本，提高了市政债券的吸引力，增强了市政债券市场的流动性。在某种程度上可以说，正是特殊的税收政策才使得美国市政债券市场区别于其他的非政府债券市场。[3]

根据财政部《地方政府一般债券发行管理暂行办法》和《地方政府专项债券发行管理暂行办法》，对于企业和个人所取得的一般债券和专项债券的利息收入，将按照财政部和国家税务总局联合发布的《关于地方政府债券利息免征所得税问题的通知》(财税〔2013〕5号)的规定，免征企业所得税和个人所得税。对地方政府债券的利息收入免征所得税的规定使我国地方政府债券制度更加契合国际惯例，也在一定程度上能够起到吸引投资者、增强二级市场交易活力的作用。然而，根据我国《个人所得税法》第2条，利息、股息和红利所得都属于应纳个人所得税的范围，我国《企业所得税法》也规定利息收入属于企业取得的收入之一，而且利息收入不在该法所规定的可以享受税收优惠的所

〔1〕 参见席月民：《我国地方政府债券的发展及其立法跟进》，载《中国法律评论》2014年9月总第3期。

〔2〕 参见何小峰：《资本：债券融资》，中国发展出版社2012年版，第66页。

〔3〕 参见杨萍：《国外地方政府债券市场的发展经验》，载《经济社会体制比较》2004年第1期。

得范围，应缴纳企业所得税。因此，财政部和国家税务总局关于地方政府债券利息收入免征所得税的规定只能作为一种政策层面的应对，未来还应该通过所得税法的调整使地方政府债券利息免税事宜得到法律的确认。

第二节 我国地方政府债券评级法律制度的改革

信用评级制度的优劣对于地方政府债券市场发展的影响究竟有多大？对此印度或许可以作为我们的反面教材。印度市政债券市场创立于20世纪90年代末，然而经过十余年的发展这一市场与企业债券市场相比并没有呈现出快速增长的态势，至2010年其市场规模仅占企业债券市场的0.1%。投资者视市政债券为投资陷阱对其敬而远之，除了印度政府推动力不足之外，一个至关重要的原因就在于印度市政债券市场缺乏能够令人信服的信用评级环境与标准。[1]由于缺乏专业性与公信力，印度市政债券的信用评级无法赢得投资者的信心，吸引不到投资者的市政债券市场自然无从发展。我们应吸取印度市政债券市场的教训，着力于债券评级法律制度建设，避免信用评级成为制约我国地方政府债券市场发展的制度“短板”。

一、建立不同于企业债券的地方政府债券信用评级法律制度

无论是发行的主体，还是债券所涉及的信息披露，地方政府债券与企业债券都存在重大区别，地方政府债券本身的特点决定了对这类债券进行信用评级必须遵循不同于企业债券的信用评级规则。

（一）确立契合地方政府债券特质的信用评级理念

目前，我国关于地方政府债券评级的法律依据主要是财政部发布的一系列规范性文件，地方政府债券评级的法律制度还没有真正建立起来。源于这方面的缺失，地方政府债券的信用评级一方面是“摸着石头过河”，另一方面

---

〔1〕 参见林力：《地方政府市政债信用评级制度研究：印度的经验与启示》，载《地方财政研究》2015年第7期。

只能将企业信用评级的相关规定简单嫁接于地方政府债券。[1]

提高地方政府债券评级有效性的第一要务，是必须建立起契合地方政府债券特质的评级理念。尽管地方政府债券与企业债券都是债券市场的组成部分和重要债券类别，也都遵守债券市场的基本运行规律和规则要求，但涉及信用评级，二者还是有着重要的区别。其一，二者的发行基础不同。企业债券的发行基础是拟发债企业的企业信用，而地方政府债券的发行基础是拟发债的地方政府信用；其二，二者对于评级机构的影响能力存在差别。企业债券评级的客观独立性固然也受到评级服务付费模式引发的利益冲突的影响，但在地方政府债券评级中，评级结果的公正性除了受利益冲突的影响外，可能还会受到地方政府的干预。在影响评级机构的能力方面，地方政府显然强于普通企业；其三，二者在信用评级时对于国家行政体制的考量不同。企业债券评级基本不涉及国家行政体制因素，然而在地方政府债券评级中，行政体制却是影响评级的重要因素，国际三大评级机构对于美国以外其他国家的地方政府债券评级几乎都将行政体制作为评估地方政府自身信用水平以外的重要因素。[2]

地方政府的运行涉及财政、金融、债务以及政府治理等不同维度和视角，这导致地方政府债券风险的识别较之企业债券更为复杂，地方政府债券信用评级的作用是为了减轻投资者与作为发行人的地方政府之间的信息不对称问题，揭示存在于地方政府债券中的信用风险，对于债券利率的确定发挥着参考性功能而不是定价的作用。尽管评级机构对于地方政府债券通常采用打分的分析体系，但这只是指评级方法所采取的具体手段，打分只是标识地方政府债券的风险大小，地方政府债券信用评级的本质在于对地方政府及其债券信用风险进行综合分析。地方政府债券评级表明，地方政府作为债券发行人参与金融市场理应接受市场化机制约束，信用评级能够帮助克服政府信息透明度较低的缺陷，促进地方政府提高信息透明度从而最大限度地吸引投资者，最终使地方政府的举债融资行为置于市场的监督之下。

---

〔1〕 参见杨珊：《论地方政府信用评级法律制度建设》，载《西南交通大学学报》（社会科学版）2014年第5期。

〔2〕 参见霍志辉、才进、吴冬雯等：《国际评级机构地方政府评级方法比较分析》，载http://finance.sina.com.cn/money/bond/20130415/141415151613.shtml，2016年4月26日访问。

（二）整合地方政府债券评级的法律及制度规则

信用评级在我国尚属于新鲜事物，地方政府债券的信用评级更是从2014年开始才被作为一项强制性要求纳入地方政府债券规则之中，因此无论在法律还是在制度环境方面都需要得到改善。我国关于信用评级的法律规则较为分散，《中华人民共和国证券法》《中华人民共和国公司法》《企业债券管理条例》《可转换公司债券管理条例》以及《贷款通则》等法律法规中都有对于信用评级的相关规定，这些法律规定不仅在法律效力的层次上参差不齐，而且分布极其零散，在内容上也不够细致，对于信用评级多为原则性的规定，以至于难以形成一个可以依照执行的规范体系。最关键的是，这些由各自主管部门发布的部门规章和操作指引在标准和规则方面各不相同，通常仅适合于本部门所管辖的单一金融产品的信用评级业务，对于地方政府债券的信用评级并不适用。目前，我国关于地方政府债券评级的法律依据主要是财政部发布的一系列规范性文件，主要包括《关于2014年地方政府债券自发自还试点信用评级工作的指导意见》（财库〔2014〕70号）、《地方政府一般债券发行管理暂行办法》（财库〔2015〕64号）、《地方政府专项债券发行管理暂行办法》（财库〔2015〕83号），以及财政部自2014年以来发布的其他关于地方政府债券的指导意见、工作通知等文件。总体上，我国关于地方政府债券的信用评级规则还未能上升到制度层面，应从证券法的高度对信用评级作出总体性部署和原则规划，在此基础上考虑债券评级的共性问题和地方政府债券评级的特性，对现有地方政府债券评级规则进行细化和整合，最终形成既符合债券评级的总体原则又具有较强可操作性的制度化的地方政府债券信用评级。

（三）厘清地方政府债券评级的逻辑基础与指标体系

地方政府债券反映的是地方政府与投资者之间的债权债务关系，承担还本付息责任的主体本应是地方政府。但是，不同行政体制之下中央/联邦与地方的关系也影响着地方政府债券还本付息责任的划分与承担问题。在我国，地方政府信用评级的复杂性和特殊性还在于需要厘清上级政府对下级政府的债务承担多大的责任，[1]为此有必要清楚地分析地方政府与中央政府之间的关系，其中最关键是确定地方政府能否作为完全独立的偿债主体的问题。诚然，

〔1〕 参见郑洁：《地方政府性债务管理与风险治理——基于新〈预算法〉施行的背景》，载《宏观经济研究》2015年第12期。

我国是单一制的行政体制，这也就意味着地方政府对中央政府的必然依赖。但对于地方政府自行发债形成的债务，中央政府已经明确表示了“不救助”的政策立场。而且在分税制改革之后，地方政府由于获得了法定的地方税种和较为稳定的地方财政收入，其身份和性质已经突破了作为中央政府代理人的局限，变为拥有独立税收和独立存在价值的“政治主体”，[1]这使得地方政府具有了承担独立财政责任的基础，因此绝不能简单地利用我国单一制的行政体制就将地方政府的债务推给中央。当然，基于政治与社会稳定的考量，中央/联邦政府的“不救助”原则也并非绝对不能突破，这一原则的前提是应确保不至于导致全体地方政府财政紧急状态的进一步恶化。[2]因此，对于地方政府债券信用评级而言，也应该适当考虑特殊情形下中央/联邦政府救助地方债务危机的可能性，但原则上必须将地方政府作为相对独立的信用主体来开展评级工作。

我国没有政府破产法，也不允许地方政府破产，企业债券评级中采用的违约概率、损失率与级别对应关系不宜适用于地方政府债券评级。地方政府评级更多是相对评级的概念，[3]不能仅依据GDP、财政收入、经济发达程度等进行简单排名，而是在考虑宏观经济形势、财政管理体制等的基础上，综合分析地方经济、财政、债务、信息质量、支持力度等多种因素，最终评定地方政府及其所发行债券的信用质量。宏观经济对应的是系统性风险，地方经济对应结构性风险。在地方政府债券评级中分析宏观经济是为了清楚是否存在系统性风险以及这一风险对地方经济的影响。对地方经济增长实力与发展前景的分析是为了确定地方政府的财政实力与质量，这两个因素决定了地方政府的债务偿还能力和意愿。[4]

（四）结合国情形成科学合理的地方政府债券评级方法

不同于一般的商事主体，地方政府在信用评级中是一类特殊的受评主体，其评级需关注的要素主要是地区经济、财政以及政府治理等指标，这与工商企

---

〔1〕 参见苗连营、程雪阳:《宪法学视域中的地方公债制度》，载《河南社会科学》2010年第1期。

〔2〕 参见王旭坤:《中国地方政府举债权研究》，法律出版社2016年版，第175页。

〔3〕 参见贾雪:《地方政府信用评级：沪、粤、京信用最高 黑、甘、云最低》，载http://news.xinhuanet.com/fortune/2013-10/29/c_125614616.htm，2016年4月19日访问。

〔4〕 参见朱荣恩、郭继丰、郑宇:《地方政府债券信用评级的探索》，载《金融时报》2014年8月25日。

业债券评级有着显著区别。从国际三大评级机构对于地方政府的评级方法来看，所在国家的体制、地方政府自身的信用水平以及上级政府的支持方式是决定地方政府最终信用评级的核心要素。以标准普尔（S&P）对美国以外的地方及地区政府进行信用评级所采用的LRG评级办法为例，首先对适用于特定层级地方政府的财政体制进行评分，然后结合基于定性和定量要素得出的地方政府个体信用特征，根据信用等级矩阵表来获取地方政府的指示性级别。在此基础上再考虑一些调整因素的影响，从而获得地方政府的最终评级。目前我国信用评级机构对地方政府评级采用的也是类似方法。[1]但是，由于我国的行政体制和财政管理体制有其自身的特殊性，评级涉及的要素可能更加复杂，[2]因此完全套用国外评级机构的评级方法显然不可取。例如，评级机构进行客观评级的重要依据是被评级主体的资产负债情况，然而在我国当前地方政府资产负债表未完全公开的情况下，评级机构作出科学合理的评级显然还缺乏足够的信息支持。在此情形下，就需要结合我国的具体情况摸索出更加符合我国国情的地方政府债券评级方法。目前，财政部正着力于督促地方政府建立起权责发生制的综合财务报告制度，未来评级机构应该将地方政府综合财务报告制度作为对地方政府及其所发行地方政府债券进行评级的重要基础。具体而言，对于地方政府一般债券，应将地方政府债务负担、债务结构、整体的社会经济环境、预算政策的稳健性和管理能力、地方政府的税收收入以及构成比例等作为评级的重要指标；而对于地方政府专项债券，则主要从项目未来收益的稳定性和可靠性等方面进行评级。[3]

二、肃清地方政府债券评级中的干扰因素，保障评级机构的独立性

在我国，地方政府债券评级的客观公正性除了受到评级机构的利益冲突影响外，地方政府利用强势地位干预评级结果也是实践中不可忽视的干扰因素，如何清除这种干扰因素，保持评级机构的独立性，使其能够仅根据被评级对象的客观情况作出公正合理的评级，对此，可能存在以下改进路径。

---

〔1〕 参见张涵：《难题在于地方债仍无明确的违约机制》，载《21世纪经济报道》2014年6月10日。

〔2〕 参见宋伟健、霍志辉：《美国市政债为我国地方债发展提供借鉴》，载《中国经济导报》2015年8月4日。

〔3〕 参见李经纬、唐鑫：《中国地方政府债券发行制度设计思考——基于国际经验和新经济社会学视角》，载《社会科学家》2014年第6期。

（一）路径之一：双评级制度及其可行性分析

地方政府债券评级制度有效性的核心在于如何克服评级服务存在的利益冲突问题。对于我国而言，除了利益冲突这一信用评级的共性问题外，还要特别考虑地方政府对信用评级的影响问题，减轻地方政府对于评级机构施加的压力，给予评级机构应有的支持与配合，保证评级机构得以独立、客观、公正地开展地方政府债券评级工作。从国外的经验来看，双评级制度或许是解决这一问题的一个不错方案。双评级在市政债券市场的应用较为普遍。以美国为例，在市政债券发行前一般要经过一家甚至几家具有专业资质的评级公司对发行人的债务偿还能力、信用状况进行评级，且要定期发布跟踪评级报告。研究表明，在1986～2002年美国发行的66，820只无担保市政债中，大约1/3都采用了双评级。[1]双评级制度的优势在于能够促使不同评级机构尤其是不同收费模式的评级机构发出不同的声音，给投资者提供更为客观的投资参考。[2]双评级制度具有增强评级结果的差异性与区分度的潜在功能，这似乎特别对症于解决我国地方政府债券评级结果“千篇一律”的问题，然而笔者对此的态度却并不乐观。这是因为，在我国，双评级并不能从根本上解决地方政府利用行政权威干预评级机构的可能性，也不会化解评级机构在地方政府债券评级中的利益冲突，除了徒增地方政府债券发行成本外，双评级并不会使地方政府债券评级质量得到根本改观。

（二）路径之二：评级机构与被评级机构的隔离机制及其可行性分析

评级机构的独立与公正是确保评级结果真实性的关键因素。针对我国地方政府债券评级结果“千篇一律”的现象，有业界人士建议“委托第三方进行交易，由被评级单位将费用交给财政部，由财政部委托评级机构进行评级，避免利益上的牵扯”。[3]这种将评级机构与被评级机构隔离开来，避免双方直接接触的建议，在一定程度上能够减轻评级机构被地方政府“绑架”、产生严重利益冲突的问题，虽不失为一条好的建议，但能否达到预期效果还决于财政部能否坚守中立身份、不插手评级结果，以及被委托的评级机构不被“公关”的

〔1〕 参见殇勤宇、张天硕：《地方政府债券信用评级制度构想》，载《金融市场研究》2011年第11期。

〔2〕 参见宋伟健、霍志辉：《美国市政债为我国地方债发展提供借鉴》，载《中国经济导报》2015年8月4日。

〔3〕 参见梁发芾：《地方政府信用评级如何取信于人》，载《中国经营报》2014年6月16日。

可能性。评估机构的独立性是地方政府债券发行的制度要求。保证评估机构不被地方政府利益集团俘获，需要周全的法律制度与细致的规范。[1]

(三)路径之三：非营利性评级活动及其价值分析

在信用评级领域，除了专业的评级机构，一些学术机构也有类似的评价活动。例如中国社科院地区金融生态环境评价体系、北京大学地方政府评级体系、清华大学市级政府财政透明度评价体系等。[2]这些学术机构所开展的地方政府评价在内容上多属于财政运行情况的分析研究，尚不能将其归为债券评级的范畴，但这些评价活动仍然可以为了解地方政府风险提供信息参考。况且，作为一项复杂的系统性工程，地方政府债券评级也需要学术机构在技术、人才、经验、数据等方面长期持续的投入。国际上也存在学术机构成长为评级机构或被纳入评级监管范畴的先例，例如国际非盈利信用评级机构(INCRA)、新加坡国立大学风险研究院(RMI)等。[3]而且相比于专业评级机构，学术机构的研究较少受利益冲突困扰，因此更能坚持独立性，其评价结果或许也更为客观。

(四)其他可能的路径

评级机构独立性是全球信用评级服务面临的共同难题。在对策方面，围绕的核心最终都归结为如何有效解决评级机构的利益冲突问题。引发评级机构利益冲突的罪魁祸首在于大多数评级机构目前采用的由被评级单位支付评级费用的收费模式，这种评级付费模式在很大程度上造成了评级机构与债券发行人“合谋”致使债券评级虚高的结果。次贷危机的爆发使人们对于发行人付费模式的质疑达到了顶峰，关于评级收费模式的多样化问题在理论和政

〔1〕 参见李晓安：《地方政府债券发行的法律约束分析》，载《人民论坛》2013年第18期。

〔2〕 早在2005年，中国社科院就成立了一个研究地方金融生态环境的课题组，在此基础上，社科院金融研究所与中债资信合作，开始展开地方政府债券评级研究工作。在此合作基础上，中债资信借鉴国际评级机构的经验，同时考虑中国地方政府的特殊性，初步构建了中国地方政府信用评级体系框架。2013年社科院金融研究所与中债资信推出了《中国地方政府信用评级模型研究》，对国内30个省份的可支撑债务规模进行了计算，并在综合考虑地方经济、财政收支、政府治理和债务状况等指标的基础上对国内30个省份的信用水平进行了排名。参见贾雪：《地方政府信用评级：沪、粤、京信用最高黑、甘、云最低》，载http://news.xinhuanet.com/fortune/2013-10/29/c_125614616.htm，2016年5月20日访问。

〔3〕 参见杨勤宇、张天硕：《地方政府债券信用评级制度构想》，载《金融市场研究》2014年第11期。

策层面均引发了广泛的关注和研究。[1]投资者付费和发行人付费，究竟哪一种模式下的信用评级结果更趋公正性？国外研究比较了标准普尔（S&P）和美国另一家比较小的评级机构伊根-琼斯（EJR），前者采用的是发行人付费的模式，后者是投资者付费模式。通过比较两家评级机构对相同公司的债券评级数据，研究者发现，那些伊根-琼斯给出的评级低于标准普尔的债券发生违约的概率相对较高，也就是说伊根-琼斯的评级更加真实地反映了债券的信息。[2]这说明，由投资者付费的模式的确能够有效缓解评级业务的利益冲突问题。但是这种看似简单实用的改革方案并不是万能的，一方面在于投资者付费的模式也可能产生新的利益冲突，例如，投资者影响评级机构信用评级结果的可能性，而且这种模式也会削弱评级机构的盈利能力，威胁评级业的生存。另一方面，如果所有评级机构都采用投资者付费模式，则会造成没有付费的公众投资者不能合法获得免费评级信息的结果，从而会形成付费投资者的信息优势地位。[3]因此，理智的做法应该是实现评级付费模式的多样化，即在鼓励投资者付费的同时，也对发行人付费的模式进行改革，另外也要探索其他付费模式的可能性，通过多样化的评级付费模式减轻评级机构的利益冲突，从而促使评级机构以更加独立的身份客观公正地开展评级工作。

对我国地方政府债券而言，改善信用评级结果的另一种可能途径是引进国外评级机构开展评级业务。这是因为，一来国内评级机构受地方政府干预和影响的可能性更大；二来与国际评级机构相比，国内评级机构经验相对不足，缺乏公信力，即便评级真实客观也难以被普遍认同。[4]事实上，引入国际评级机构对地方政府债券进行评级并不一定导致“引狼入室”和造成主权丧失的结果，国际三大评级机构已经对美国之外的很多地方政府进行了评级，这并没有造成不可收拾的后果，这些评级的权威性也受到了市场的认可。对于我国而言，在确保国家信息安全的前提下，适当引入国际评级机构不仅有利于克服国内评级机构容易被地方政府“俘虏”致使评级失真的现象，更重要的是可

〔1〕　参见黄国平：《评级功能视角下的利益冲突和付费模式》，载《证券市场导报》2012年第10期。

〔2〕　参见钟辉勇：《债券评级由谁付费有学问》，载《东方早报》2015年1月27日。

〔3〕　参见黄国平：《评级功能视角下的利益冲突和付费模式》，载《证券市场导报》2012年第10期。

〔4〕　参见梁发芾：《地方政府信用评级如何取信于人》，载《中国经营报》2014年6月16日。

以给国内评级公司一定的危机感，使其形成竞争意识，通过不断学习和改革提高评级业务水平。

另外，改进地方政府债券评级机构的选择机制也有利于改善我国地方政府债券的评级状况。财政部对于地方政府一般债券和专项债券的信用评级作出了“择优选择信用评级机构”的规定，也是基于提高地方政府债券评级效率的考虑。我们可以借鉴国外经验，由地方政府债券监管部门成立基金会，建立起评级机构评价机制，并以此作为选择评级机构的依据。地方政府债券的级别可向基金会征求意见，这样一来既可以避免地方政府对于评级结果的干预，也利于评级机构的优胜劣汰和评级质量的提高。监管部门也可以采取随机抽取的办法，在有资格的评级机构中确定最终的评级公司，这样也能够减轻地方政府债券评级中的寻租现象。〔1〕此外，还可以考虑采取地方政府债券评级轮换制度，规定同一评级机构对于地方政府评级的最高年限不超过所发新债券的存续期，以避免出现评级捆绑的情形。〔2〕

就发行人而言，地方政府债券评级的作用之一在于向投资者证明其信用水平以利于其资本市场的融资活动。事实上，除了利用付费人的身份利益和动用行政力量影响评级机构外，地方政府完全拥有通过自身力量提升信用水平从而获得高级别评级的能力，且这种能力不会因为评级机构付费模式的改革和由哪家机构来评级而受到影响。提升这种能力的关键，就在于地方政府对影响评级的核心因素，即地方经济、财政以及政府治理等的不断推动、改善和良性变革。就发展中国家而言，影响地方政府信用状况的因素还包括政府间关系、转移支付结构、信用记录、法律诉讼、经济状况、债务负担水平与债务结构，以及担保状况等。地方政府可以通过一系列的财政约束来提高其信用水平，包括利用财务指标进行投资计划、财务报告披露、债券信息披露、审计、债务限制以及抵押担保等。就我国而言，提高地方政府的信用需要加强两个方面的工作，一是从法律层面规定地方政府信息披露的责任，出台关于地方政

---

〔1〕 参见杨珊：《论地方政府信用评级法律制度建设》，载《西南交通大学学报》（社会科学版）2014年第5期。

〔2〕 参见杨勤宇、张天硕：《地方政府债券信用评级制度构想》，载《金融市场研究》2014年第11期。

府信息披露的制度条例；二是构建地方政府会计体系。[1]

三、加强地方政府债券评级监管，落实评级机构的法律责任

在我国债券市场上，评级机构似乎向来不被当作主角。[2]但随着我国债券市场的不断发展创新，债券评级业务的重要性将会越来越凸显。作为债券市场基础制度建设的重要组成部分，信用评级应该在债券市场上真正发挥风险揭示、市场定价以及信用风险防范等功能。[3]针对我国地方政府债券评级中的问题，加强评级机构的监管，落实评级机构对于地方政府债券评级的法律责任，是完善我国地政府债券法律制度，建设法治化地方政府债券市场的必要举措。

（一）关于我国地方政府债券评级监管的三个重要问题

尽管国际证监会组织（IOSCO）以及评级机构自身都认为评级机构只是违约风险的意见提供者，但评级机构的专家角色及其在金融市场上与日俱增的影响力决定了其不可能只是“单纯的意见提供者”。与评级机构自身以及官方对于评级机构的定位不同，部分学者的观点倾向于认为评级机构作为特殊的市场主体，其功能已经远远超出了意见提供者的范畴，其在市场上的地位已经不仅仅是单纯的分析家，更具备了金融市场准立法者的作用。[4]在经历了百年的发展之后，评级行业出现了诸多弊病，如商业运作模式引发的利益冲突、监管者的过度依赖、高度垄断的市场属性对声誉机制的破坏以及民事责任追究机制的缺乏等。评级机构的这些弊病在2008年的次贷危机中集中爆发，以美欧为首的不少国家都对信用评级实施了更为严格的监管措施。我国作为评级产业发展的后起之国，应该吸取其他国家因评级监管宽松造成的教训。当然，如何建立和完善我国的信用评级法律监管是另一个重要的研究主题，笔者无意深究，仅打算从三个方面就我国地方政府债券的评级监管问题进行探索。

---

〔1〕 参见乔桂明、郝雨时：《我国发行市政债券的条件与环境研究》，载《苏州大学学报》2012年第6期。

〔2〕 参见达萨：《债券评级发展中新问题不容忽视》，载《中国企业报》2015年9月1日。

〔3〕 参见何伟、周晓志：《中国信用评级机构发展状况分析》，载《上海金融》2009年第5期。

〔4〕 See Dieter Kerwer, “Holding Global Regulators Accountable: The Case of Credit Rating Agencies”, *Governance: An International Journal of Policy, Administration, and Institutions*, Vol.18, No.3, July 2005: 453-475.

1.确立地方政府债券评级的监管主体。

在我国，由于金融监管整体采取分业监管的模式，对于评级机构的监管通常是由负责某一项金融业务监管的主管机构在各自主管的范围内确定监管的目标与内容，因此在不同行业以及不同的市场交易阶段，评级机构可能会面临不同部门甚至多个部门的监管。由于不同监管部门的监管标准不一，评级机构的合规成本因此增加，监管的效率也受到影响。我国地方政府债券的信用评级由财政部主导，但是财政部对于评级机构的监管却缺乏权力，而导致我国地方政府债券评级乱象的重要原因之一在于地方政府施加于评级机构的压力，财政部虽然没有直接监管评级机构的权力，但却可以通过对地方政府在评级活动中的行为动向的监管与约束，实现对地方政府债券评级的间接监管。另外，应该在评级机构的监管部门与财政部之间建立起有效的沟通机制，使各方能够及时协商解决地方政府债券评级监管中的问题。

2.把握地方政府债券评级监管的重心。

就我国地方政府债券评级而言，为了达到更好的监管效果，应该将监管的重心放在利益冲突监管、评级机构竞争、评级机构的独立性以及信息披露监管四个方面。在利益冲突监管方面，主要是对发行人付费模式下评级机构是否会出现为“取悦”发行人而导致评级失真的行为进行监管。关于评级机构的竞争，监管的重点是为了防止当多家评级机构竞争评级业务时可能发生的为获得业务机会而上调评级结果的情况。对于评级机构独立性方面的监管，是指尽力消除影响评级机构独立开展评级业务的干扰因素，在我国，这种干扰因素主要来自于被评级的地方政府施加给评级机构的压力。最后，地方政府债券评级监管的重中之重，是对评级机构应披露信息的监管，以及确保这种信息交流通道的畅通。例如，欧美国家对于市政债券市场信用评级的监管理念表现为交流、互信、合作，评级机构可以通过构建有效的评级信息可访问性交流平台，为投资者提供客观真实的评级数据，从而实现保护投资者权益和维护市场稳定的目的。[1]

3.厘清地方政府债券评级监管的核心目的。

对评级机构进行监管是为了规范评级机构开展的评级业务，减轻其中的

---

〔1〕 参见林力：《地方政府市政债信用评级制度研究：印度的经验与启示》，载《地方财政研究》2015年第7期。

利益冲突问题，保持评级机构的独立性，评级监管的这些目的都是实现评级结果的公正、客观和准确。地方政府只是因强制性的信用评级要求而被动接受评级，即便在主观上愿意被评级但参与评级的目的也是融资的便利。监管部门对于评级机构的监管只是履行其作为监管者的职责，其监管的目的是维护市场秩序、保护投资者。信用评级结果的最终用户是地方政府债券的购买者，尽管在发行人付费模式下，债券持有人无需为取得的评级信息付费，但是他们的确是这种关于债券违约风险“专家意见”的忠实“用户”：尽管一再被强调不是关于债券的买卖建议，信用评级结果却对投资者的投资决策起着决定性作用。所以，地方政府债券评级监管的核心目的，应该是保护投资者的合法权益，应该通过监管提高评级质量，使投资者成为地方政府债券监管的真正受益者。

（二）明确评级机构在地方政府债券评级中的法律责任

与其他的债券发行相比，地方政府债券由于发行人是地方政府，地方政府所辖地区的经济状况、政府财政以及政府治理等情况在一个评级周期内相对较为稳定，发生大起大落的可能性较小，这使得对于地方政府及其所发行债券的评级应该保持一定的稳定性，这实际上就决定了除非有非常特殊的情况否则评级机构对于评级结果不可能有大的调整空间。而目前，评级机构给出的我国地方政府债券的评级全部为最高级别的AAA级，按照评级行业的通用规则，最高级别的信用评级就意味着几乎不存在违约风险。

从法律层面分析，评级也是一种法律行为，它体现的是评级机构、债券发行人以及投资者三方的法律关系以及各方的权利义务。评级机构应对其作出的最高级别的地方政府债券信用评级负责，也就是说在评级结果的存续期内若发生地方政府债券违约事件，评级机构理应向受损的投资者承担相应的民事责任。然而长久以来，评级机构出具的评级结果只被视为一种“意见”而不是具体的买卖建议，因此评级机构对于投资者的损失不承担任何责任。[1]在次贷危机之前，针对评级机构的诉讼十分少见。次贷危机前，在美国百年来的债券评级历史上，被评级对象起诉评级机构的案件仅有两起，分别是1995年的“杰弗逊县学区诉穆迪投资者服务公司案”和1996年的“橙县诉标准普尔

〔1〕　参见黄润源、刘迎霜：《公司债券信用评级法律关系解析——以美国债券评级制度为模本》，载《学术论坛》2008年第1期。

案”。[1]在美国，由于评级报告被认定为一种“言论”“世界上最短的评论”，受美国宪法第一修正案的保护，评级机构无须承担言论责任。但次贷危机之后，评级机构无责评级的问题已经有了一些实质性的改观，标准普尔的一系列受罚事件最能说明这种变化。

2015年1月，标准普尔宣布与美国SEC、纽约和马萨诸塞两个州达成了超过7700万美元的和解协议，这是标准普尔为结束美国联邦以及州一级对其放松评级标准以争取业务，并且没有对投资者披露这些变动所提起的指控付出的代价。同时，标准普尔还将继续就美国司法部以及其他十多个州对其在2008年以前长期对评级的独立性与客观性的不当陈述提起的指控进行协商，最终的和解成本可能高达13.7亿美元。除了支付高额的和解金，美国SEC还对标准普尔开出了长达一年的业务禁令，在禁令期内标准普尔将不能为特定的债券提供评级。这是金融危机后监管机构首次对三大评级机构追究法律责任。[2]标准普尔的受罚事件体现了监管机构将评级机构的法律责任追究落到实处的态度与决心，同时也警示了其他评级机构，开创了通过评级监管和追究评级机构责任保护投资者利益和维护社会公共利益的新篇章。

我国关于评级机构的法律责任并没有十分明确的规定。《证券法》第173条规定：“证券服务机构为证券的发行、上市、交易等证券业务制作、出具审计报告、资产评估报告、财务顾问报告、资信评级报告或者法律意见书等文件，应当勤勉尽责，对所依据的文件资料内容的真实性、准确性、完整性进行核查和验证。其制作、出具的文件有虚假记载、误导性陈述或者重大遗漏，给他人造成损失的，应当与发行人、上市公司承担连带赔偿责任，但是能够证明自己没有过错的除外。”然而问题在于，在现实中落实评级机构的这一民事责任却非易事。一来证券民事赔偿在我国本就是一个亟待解决的难题；二来就地方政府债券而言，其信用评级结果中渗入了地方政府的影响导致评级失真，这固然可以作为对评级机构追究民事责任的理由，但就具体的操作而言还存在一定障碍。财政部关于地方政府债券的两个暂行办法虽然提出了信用评级要

---

〔1〕 Jefferson County Sch. Dist. v. Moody’s Investors Service, Inc., 998 F. Supp. 2d 1341, 1348 (D. Colo. 1997), aff’d, 175 F. 3d 848 (11th Cir, 1999).

〔2〕 参见：《标普与SEC及两个州达成7700万美元和解协议》，载http://finance.ifeng.com/a/20150122/13449589_0.shtml，2016年5月10日访问。

求，但对于评级机构的责任却未加规定，只提出了应勤勉尽责，严格遵守职业规范和相关规则的要求，唯一涉及的处罚措施是对于弄虚作假、存在违法违规行为的将列入负面名单并向社会公示，涉嫌犯罪的，移送司法机关处理，对于因不实评级给投资者造成损失是否承担赔偿责任以及如何赔偿均未提及。分析我国《证券法》第173条，我国应该是承认评级机构的法律责任的，具体到地方政府债券评级，财政部应在《证券法》的基础上，进一步明确评级机构对地方债券评级的责任。

第三节　我国地方政府债券信息披露规则的改进

信用评级制度尽管也具有信息披露的作用，但这种信息披露主要侧重于对债券违约风险的揭示。对于投资者而言，要全面了解所投资的债券并作出正确的投资决定，还需要一系列专门的规则就地方政府债券的信息披露问题作出细致而周全的规定。目前，我国地方政府债券发展的时间尚短，在短期内形成一套完整的地方政府债券信息披露法律制度有一定难度，但是我们可以在确定基本原则的前提下，从具体规则入手对地方政府债券的信息披露进行改进，使信息披露成为地方政府债券监管和约束地方政府债券融资行为的一个重要抓手。

一、地方政府债券信息披露法律制度——以美国市政债券信息披露制度为例

政府融资制度是在金融体系基本背景约束下的发展产物。美国作为金融市场主导型的金融系统，其债券市场与股票市场的发达程度相当，债券市场已经成为金融市场的主要组成部分。美国的市政债券市场是分权制国家地方债券融资制度的典型代表。市政债券是以政府信用为担保，由州和地方政府或其代理机构和授权机构发行的，为市政建设和基础设施项目进行融资的金融工具。在美国，大多数的地方政府和地方政府代理机构都利用市政债券系统进行融资活动，这使得美国市政债券市场成为全球范围内最为发达的地方债

券市场，其市场规模大约相当于1/2的国债市场或1/4的公司债券市场。[1]

美国市政债券的快速发展及其市场繁荣发达与其信息披露监管的不断完善密不可分。事实上，美国对其市政债券市场的信息披露监管也经历了一个从无限宽松到逐渐严格的过程。历史上，美国对于市政债券信息披露最开始是没有监管要求的。这是由于美国《1933年证券法》以及《1934年证券交易法》对于市政债券发行人免于监管及信息披露要求。源于这种免责，市政债券发行人的行为以及发行新证券前需准备的发行材料仅受少数的州法律和行业惯例的约束。然而1975年纽约城的濒临违约等一系列市政债券违约或破产事件改变了这一切。人们普遍认识到，由于市政债券市场发行人仅提供极为有限的信息，这使得投资者因缺少持续性、综合性的信息披露而暴露于过度风险之中。在处理纽约市政债券危机的过程中，SEC对《证券法》进行了修订，形成了《1975年修正案》(Securities Acts Amendments of 1975，亦称Tower Amendment)。美国随后根据该修正案设立了市政债券规则制定委员会(Municipal Securities Rulemaking Board，以下简称MSRB)。由于SEC的妥协，此次修正案并没有使《证券法》对市政债券的豁免规定得到改观，因此SEC和MSRB对市政债券仍然缺乏实质性的监管职能。

1983年，美国爆发了历史上最大的市政债券违约事件——华盛顿公共电力供应系统违约(Washington Public Power Supply System，以下简称WPPSS)，这使美国认识到MSRB有限的监管措施不足以控制风险，为此SEC采取了一系列措施加强市政债券监管，包括制定市政债券持续信息披露规则和规范信息披露平台等。1989年3月，SEC发布了《15c2-12规则》，后分别于1994年、1998年和2010年进行了三次修订。修订后的《15c2-12规则》规定市政债券发行人须披露12项重大事项，包括本金和利息支付拖欠情况；重要的非支付相关违约情况；表明发行人存在财务困难时的偿债准备金非预期使用；表明发行人存在财务困难时对于信用增信措施的非预期依赖；更换信用支持者或流动性提供者，或信用支持者或流动性提供者不履行义务；不良的纳税意见、国内税务署发布的影响市政债券税收地位的重要拟议或最终的纳税决定；有利于证券持有人的重要修改；重大的债券赎回与要约收购；提前到期；使

〔1〕 参见宋立：《地方公共机构债券融资制度的国际比较及启示——以美国市政债券与日本地方债券为例》，载《经济社会体制比较》2005年第3期。

用、出售或更换用于增信的（重要）资产；信用评级方面的变化；发行人发生破产、无力偿还、接管或类似事件。在信息披露平台方面，SEC指定了国家认可的市政债券信息库（Nationally Recognized Municipal Securities Information Repositories, NRMSIRs）为市政债券的信息披露平台，相关的信息披露文件需通过NRMSIRs提交。

2010年，《多德-弗兰克华尔街改革与消费者保护法案》（The Dodd-Frank Wall Street Reform and Consumer Protection Act, 以下简称《多德-弗兰克法案》）问世。该法案虽然没有改变SEC和MSRB对于市政债券的监管主体地位，但却要求总审计长对市政债券的市场规模、信息披露规定等进行研究，同时对市政债券发行人的信息披露也提出了建议。应此要求，美国政府问责办公室（United States Government Accountability Office, 以下简称GAO）向国会提交了两份报告，即《市政债券市场结构定价和监管概览》（GAO, 2012a）与《提高市政债券持续性信息披露质量》（GAO, 2012b），SEC随后对这两份报告进行了回应。对于前者的回应主要是表示接受GAO所提出的，通过加强监管以保证自律性监管机构所制定的监管制度能够得到有效执行的建议；对于后者的回应主要体现在信息披露和市场结构方面，其中在信息披露问题上SEC提出了应扩大SEC监管职权以提高市政债券信息披露质量，修改关于通道债券的豁免规定，[1]改善监管合作环境以保证SEC执法的一致性、及时性和全面性，完善信息披露制度和提高SEC的执法能力。[2]

如今，美国的市政债券市场已经相当成熟和稳定，但在19世纪和20世纪的早期，其在很大程度上也只是一个发展中国家的市场，所面临的是与今天发展中国家一样的问题。城市财政信息的公开极大地改善了判断市政债券信用风险所需的信息状况。在市政债券的存续期内，任何关于城市财政和法律状况的重要变化信息市政当局都必须及时披露。[3]正是由于确立了以信息披露为核

〔1〕 美国市政债券中有一类发行人被称为通道发行人，其所发行的市政债券即为通道债券。与一般市政债券相比，通道债券是公司或其他实体以市政债券形式发行的用于项目建设的债券。在美国联邦证券法中，通道债券属于豁免债券。通道债券在市政债券中所占比例较小，但却占市政债券违约率的70%左右。

〔2〕 参见张亚秋、赵英杰：《美国市政债券监管体系及其对我国地方政府自主发债监管的启示》，载《金融监管研究》2014年第6期。

〔3〕 参见杨萍：《国外地方政府债券市场的发展经验》，载《经济社会体制比较》2004年第1期。

心的市政债券监管模式，并且通过不断改善市政债券信息披露监管制度，才使得美国的市政债券市场不断趋于成熟和完善。

二、我国地方政府债券信息披露规则的改进思路

债券在本质上属于证券的范畴，而地方政府债券又是一种具体的债券品种，因此在信息披露方面，地方政府债券也应符合证券法对于信息披露的基本要求，满足信息披露的真实性、及时性、相关性、完整性和适度性要求。[1]但鉴于债券的特殊属性，例如相比于股票投资者对于公司盈余的关注，债券投资者则更为关心公司的收入和现金流的稳定性，我国《证券法》也应尊重债券与股票的差异，建立契合于债券特质的信息披露制度。[2]在债券信息披露制度的基础上，还应结合我国地方政府债券情况对其信息披露规则作出适当改进。

（一）我国地方政府债券信息披露的基本原则

在《证券法》所确立的债券信息披露制度的基础上，我们还应考虑地方政府债券的特殊性，确立我国地方政府债券信息披露的基本原则。

1.体现一般债券与专项债券的差异性

我国地方政府一般债券是为没有收益的公益性项目发行的，主要以一般公共预算收入还本付息的政府债券。而专项债券是为有一定收益的公益性项目发行的，以公益性项目对应的政府性基金或专项收入还本付息的政府债券。两类地方政府债券的区别主要在于发债融资资金将要投向的公益性项目是否具有收益性和还本付息的资金来源，这就决定了在信息披露方面两类债券的侧重点应各有不同。一般债券的信息披露应着重于发行主体的基本信息、财政经济状况以及债务情况等，尤其应注意对发行债券的地方政府预算信息的公开；而专项债券除了应将发行主体的基本信息、财政经济状况和债务情况作为基础性信息进行披露外，还应将披露的重点放在与专项项目有关的信息方面，尤其是关于专项项目本身的情况、收益情况、风险情况以及其他影响投资者决策的重大信息。总的来说，由于一般债券有一般公共预算收入作为还本

---

〔1〕 参见窦鹏娟：《证券信息披露的投资者中心原则及其构想——以证券衍生交易为例》，载《金融经济学研究》2015年第6期。

〔2〕 参见冯果：《债券的证券本质与债券市场法制化——〈证券法〉修订背景下的债券法律体系重构与完善》，载《证券法苑》（2016年）第16卷。

付息的资金保障，而专项债券则依赖于对应的政府性基金或项目收益，因此除了采取侧重点不同的信息披露原则外，在信息披露的严格性方面也应该高于一般债券。

2.将反映发行主体偿债能力及其变化的信息作为重点披露内容

对于地方政府债券投资者而言，其最为关心的无非是所持有的债券能否按照约定还本付息，而这取决于发行债券的地方政府的偿债能力。地方政府的偿债能力以及可能引起这一能力变化的任何因素，都应该作为必须披露的强制性信息披露内容予以公开。这就决定了，地方政府偿债能力信息绝不是一次性的信息披露，而是从债券发行伊始贯穿于整个债券存续期间。

3.权衡公众信息需求与政府信息安全

信息披露是资本市场融资者必须履行的基本义务，然而地方政府的政治身份决定了其毕竟不同于资本市场上的一般融资主体。因此在履行信息披露义务时，地方政府发行人还需要在满足公众信息需求与保护政府信息安全之间进行必要的权衡。为投资者提供的信息应能够满足其据以作出投资决策的基本需求，而对于一些可能关系到国家和政府信息安全的敏感性信息，则需要谨慎发布，或者在相对安全的范围内以恰当的方式有限公开，以此实现公众信息需求与政府信息安全之间的相对平衡。

（二）我国关于地方政府资产负债信息披露的最新进展

在债券信息披露的内容中，发行主体的资产负债情况是极为重要的构成部分，也是评级机构进行客观公正评级的重要依据之一。然而在我国，地方政府的资产负债表对于外界而言却相当神秘。我国2011年开始试编制地方政府资产负债表，至2014年中期大部分省份已基本完成了试编工作，但还没有向外界公开。2013年，党的十八届三中全会通过的《中共中央关于全面深化改革若干重大问题的决定》作出了深化财税体制改革的要求，提出建立权责发生制的政府综合财务报告制度。权责发生制强调的是实质重于形式的原则，在权责发生制下，政府或有债务的信息才能被揭示出来，权责发生制程度越高，揭示得越充分，就可以事先将或有债务带来的财政风险显现出来。2014年，发改委制定了《关于2014年深化经济体制改革重点任务的意见》，其中提出了推行权责发生制的政府综合财务报告制度。随后，国务院发布了由财政部制定的《权责发生制政府综合财务报告制度改革方案》，根据该改革方案，2020年之前将力争建立起具有中国特色的政府会计准则体系和权责发生制政府综合财务报告制度。2015年10月，财政部公布了《政府会计准则——基本准则》，这为地方政府资产负债表的编制提供了基本的会计准则。随后财政部成立了政府会计准则委员会，旨在推动政府会计准则体系的建立。

（三）我国地方政府债券信息披露规则的改进方向

有效的信息披露要求能够通过减少欺诈和虚假陈述的发生率从而使证券市场更加安全和公平。除此以外，有效的信息披露还应提高可获得信息的质量以及及时性。如能实现以上两个目标，则市场上投资者的信心将会增强，不确定性将会减少，流动性也将得到提高。〔1〕地方政府债券不仅要向投资者定期公开其资产运营情况和财务信息，还应向当地民众披露其资产负债结构和风险。〔2〕与所有的有价证券相同，地方政府债券发行人的财务状况对于所发行债券能否如约还本付息有着至关重要的影响。作为投资者，自然十分关注地方政府的财务信息。因此，作为发行人的地方政府的财务情况应该成为地方政府债券信息披露的一项重要内容。地方政府财务信息披露制度有利于规范地方政府债券融资行为，在改革的具体思路上，一是要实现地方政府财务披露内容的精细化，扩大所披露的内容范围，保证披露的完整性，尤其要重点披露地方政府负债项目、行政收支信息以及政府性基金项目信息等目前披露不足的内容；二是要定期公开经过审计的地方政府财务报告，包括资产负债表、收入费用表、现金流量表、投资支出表、财政支出绩效表以及财政风险表等。〔3〕

第四节　我国地方政府偿债保障制度的构建

无论是否盈利，发行主体都必须按照约定条件还本付息，这是债券不同于其他证券产品的根本特征。地方政府作为债券发行人，当然也必须遵守这一

〔1〕 See Lisa M. Fairchild, Nan S. Ellis, "Municipal Bond Disclosure: Remaining Inadequacies of Mandatory Disclosure Under Rule 15c2-12", *The Journal of Corporation Law*, 23, Spring 1998: 439-467.

〔2〕 参见冯兴元、李晓佳：《地方政府负债问题与市政债券的规则》，载《学术界》2013年第10期。

〔3〕 参见刘子怡、陈志斌：《政府财务信息披露、绩效评价与地方政府投资行为》，载《人文杂志》2014年第11期。

最基本的规则。而且，与一般信用债券发行人相比，地方政府的特殊性决定了其更应该尽量避免发生违约现象，因为一旦违约不仅会影响政府信誉，而且可能因此带来不稳定因素。地方政府除了应通过风险预警等措施尽量降低地方政府债券违约风险外，还应建立起行之有效的地方政府偿债保障制度，从法治角度对地方政府债券违约作出应对。

一、确立以偿债能力为基准的地方政府发债制度

一般而言，债务人偿债能力的强弱与其发生债务违约的概率通常成反比。对地方政府而言，偿债能力的高低是决定其能否按时清偿到期债务的关键。然而，土地出让收入的大幅缩水、地方本级财政缺口的存在以及地方融资项目收益的有限性等，都对地方政府尤其是一些财政能力较弱的市、县级政府的偿债能力构成了挑战。因此，对于我国地方政府债券体系而言，以地方政府的偿债能力为基础确定其是否享有发行地方政府债券的资格以及发行债券的具体规模，是促进地方政府理性举债、有效控制地方政府性债务规模和减少地方政府债券违约问题的重要途径。

在中央实施不救助原则的政策立场下，面对地方政府有限的财政能力，确保地方政府如约履行债券还本付息义务，必须加强地方政府偿债能力建设。首要的一步，是使地方政府摆脱对于土地财政的严重依赖，这需要从央地财政关系入手，在财税分配体制上有所突破。通过推进地方税体系建设以及土地、资源和财产税改革等为地方政府建立稳定的财政来源，为其偿债能力的提高提供基本保障。在此基础上，还应结合地区经济资源状况、财政运行绩效、地方举债规模、管理体制因素等对地方政府的偿债能力进行量化评估，通过科学评估得出的确凿数据实现地方政府债务运行状况的动态监管，将偿债能力与地方政府债券发行额度相挂钩，限制偿债能力低的地方政府的债券发行规模，对陷入偿债危机的地方政府则可以通过实施“增收节支”等措施进行事后调整。〔1〕

---

〔1〕 参见郭玉清、袁静、李永宁：《中国各省区财政偿债能力的比较与演进：2005—2012》，载《财贸研究》2015年第1期。

二、完善我国地方政府偿债准备金制度

对于地方政府一般债券的还本付息，因有一般公共预算收入作为偿还的资金来源，其债务偿还较有保障。但专项债券的还本付息是由“对应的政府性基金或专项收入偿还”，因此实践中可能会面临一定的风险，主要在于通过发行专项债券融资的公益性事业项目可能没有产生预期的收益。此外，无论是地方政府一般债券还是专项债券，都可能因为发行债券的地方政府陷入一定的债务危机而面临不能如约还本付息的风险。在这种情形下，偿债准备金制度就能够发挥其所具有的确保地方政府如约履行债务偿还责任的功能。设立政府偿债准备金的目的是当地方政府不能如约偿还到期债务时，可以先行通过偿债准备金对债权人进行偿还，以减少债务风险对地方政府正常财政运行的冲击，[1]避免地方政府信誉受损。

据统计，早在2011年初我国89.5%的省级政府、74.6%的市级政府以及58%左右的县级政府中就已经建立了政府偿债基金，但目前的问题在于各地政府的偿债基金规模往往难以满足偿债的实际需要，[2]另外也存在很多地区偿债准备金计提不足的现象。2014年国务院办公厅发布的《关于进一步做好盘活财政存量资金工作的通知》(国办发〔2014〕70号)中，盘活财政存量资金的主要措施之一就是加强偿债准备金管理。根据该规定，从2015年1月1日起，地方政府将不得新设各种形式的偿债准备金，如确需偿债的，要编制三年滚动预算分年度纳入预算安排。已设立的各类偿债准备金要纳入预算安排，且优先用于偿还到期的政府存量债务。中央政府的这一规定有利于地方政府偿债基金的规范化运作，但却在很大程度上收紧了地方政府偿债基金的资金来源。政府偿债准备金的资金来源是各国地方政府共同面临的问题，成熟市场都有一套相应的办法来解决这一问题。例如美国的偿债准备金可以通过风险投资实现增值，法国允许地方政府抵押一些资产作为偿债保障，日本则可以获得中央政府的转移支付资金来弥补偿债准备金不足的问题。

为应对可能发生的地方政府债券违约，保障地方政府债券能够按时偿还

---

〔1〕 参见肖娜：《中外政府地方债券若干问题比较研究》，载《江西社会科学》2009年第8期。

〔2〕 参见郭一信、苗燕：《地方债清理稳步推进 近九成省级政府已建偿债基金》，载http://www.cnstock.com/index/zhuangti/lh2012/lh12zxbb/201203/1902979.htm，2017年4月16日访问。

本息，应在现有政府偿债基金的基础上，突出对于地方政府债券融资这一举债方式的制度设计，在规范偿债准备金管理的同时也要增强准备金资金来源的稳定性与对应性。当地方政府出现偿还困难或专项债券项目未取得预期收益时，地方政府偿债准备金可以为到期债券的本息偿还提供保证，这样不仅可以减轻地方政府的偿债压力，也能在一定程度上避免因地方政府暂时性的偿付不能而影响其整体的政府信用。地方政府偿债准备金应在人大监督下专款专用，资金可来源于地方政府通过债务筹资所建的工程项目收入以及政府预算划拨收入。[1]但是从长期来看，为确保地方政府偿债准备金的充足性与持续性，可以考虑对每次发行的地方政府债券按一定比例计提偿债准备金。例如，美国就按照每年发行债券金额的10%计提地方政府偿债准备金，日本地方政府也按照每年债务余额的1/3提取偿债准备金，这为地方政府债务偿还提供了有力的保障，[2]我国也可以参照此种做法使地方政府偿债准备金制度成为有源之水。

三、在我国地方政府债券体系中尝试引入保险制度

在债务偿还的保障机制方面，另外一个可资借鉴的做法是美国市政债券保险制度。美国自20世纪70年代开始实行债券保险制度，许多专业的保险公司都愿意为美国市政债券提供保险服务，一旦发生违约，将由保险公司代替发行人向债权人清偿，这使市政债券的投资更加安全可靠。美国的50%左右市政债券都就按时还本付息向私人保险公司申请了保险，由市政当局为该项保险付费，保险公司会根据债券发行城市的财政状况以及收益债券所对应项目中的风险状况确定发行人应支付的保险费，保险费的高低通常与风险的大小成正比，市政债券的评级结果也会影响保险公司为其提供保险的意愿与价格。[3]保险公司还经常给予市政当局关于如何通过项目重组减轻经济风险的建议。[4]

在条件成熟时，我们不妨仿照美国市政债券保险的做法，在地方政府债券

---

〔1〕 参见罗钢青、孔繁成、刘润佐：《规范地方政府债券市场》，载《中国金融》2013年第13期。

〔2〕 参见李萍：《地方政府债务管理：比较与借鉴》，中国财政经济出版社2009年版，第149页。

〔3〕 参见晏俊、许薇、杜小伟：《美国地方政府债务管理的经验及其对我国的启示》，载《学习与实践》2015年第8期。

〔4〕 参见杨萍：《国外地方政府债券市场的发展经验》，载《经济社会体制比较》2004年第1期。

中引入保险制度，作为对地方政府债券信用风险的市场化应对。地方政府债券保险是由保险公司对地方政府发行的一般债券和专项债券提供保险，当地方政府因故丧失按约偿还本息的能力，或者当专项项目无法取得预期收益导致债务偿还发生困难时，保险公司将按照约定对地方政府债券债权人进行清偿。地方政府债券保险可以保障地方政府债券本息的按时偿还，提升地方政府债券的安全性与信用度，从而增加投资者对地方政府债券的信心，增强地方政府债券的流动性，[1]提高二级市场的交易活跃度。

完善的偿债保障机制是地方政府举借债务的坚实后盾。其中，偿债准备金制度是地方政府债务管理的一种思路，而地方政府债券保险则是从市场的角度来转移违约风险。尽管具体的方法有所差异，但二者在处理地方政府债券违约的问题上却殊途同归，都是通过一定的制度机制使债务偿还危机化险为夷。偿债准备金和债券保险当然并不是完美的制度，其本身也只能作为地方政府偿债保障机制的一部分内容。避免地方政府债券违约、降低地方政府债务风险的根本途径，还在于保持和提高地方政府的债务偿还能力。

---

〔1〕 参见曹小武：《中国地方政府债券发展研究》，湖北人民出版社2012年版，第119～120页。

结　　论

自2009年至今，我国地方政府债券的发展不过短短数年，但其发行模式却先后经历了财政部代理发行、自发代还、自发自还三个阶段。随着2015年自发自还模式在全国范围的推广，我国地方政府债券融资开始进入全面发展阶段。尽管目前我国地方政府债券融资中依然存在着不少问题，其进一步发展也面临着一些障碍，但不可否认，作为一种更加市场化和法治化的政府融资方式，地方政府债券必然会为我国地方政府举债融资打开新格局，带来新气象。本书的研究得出以下结论：

第一，无论在理论上还是实践中，相对于可支配的财政收入而言，地方政府总是存在着资金缺口。为了获取更多的资金来源，地方政府普遍具有强烈的举债融资动机。地方政府举债融资既不是中国独有的现象，也不是当代才滋生的政府行为，赋予地方政府合法的举债权是解决地方债务问题的前提要求。

第二，我国地方政府性债务的形成是多种原因共同作用的结果，但分税制造成的地方财权与事权的失衡却是其中的关键因素。地方政府举债有其存在的合理性和正当性，但地方政府融资平台的举债模式已经不可持续，地方政府债券打开了我国地方政府举债融资的新格局。

第三，我国的地方政府债券融资机制还处于初创阶段，目前还存在着不少问题，也面临着进一步发展的困境。地方政府债券可能难以从根本上解决地方政府的资金难题，地方政府债券发行还深受一些非市场化因素的制约，相应的信用评级、信息披露、债务偿还和违约处置等制度也不够完善。新型城镇化建设时代的到来，可能会加剧地方政府的资金困境，地方政府债券融资能否有效化解地方债务问题也将经受重大考验。

第四，破解地方政府债券融资困局的关键，除了硬化预算约束，建立相应的责任约束机制，彻底结束地方政府“无责举债”的融资模式，加强地方政府举债融资的监管与监督机制以外，还应从形成法治化地方政府债券市场的角度出发，健全其市场化运作的法制框架，注重地方政府债券制度建设。应契合地方政府债券特质并结合我国现实情况，改革信用评级和信息披露法律制度，建立完善的地方政府偿债保障制度，以保护债权人合法权益，保全地方政府信用。

当然，发行地方政府债券虽然是我国目前唯一合法的地方政府举债融资方式，但城市运营与建设不能仅依靠发行地方政府债券这一种融资机制。除了发行债券举债融资外，地方政府还可以采取政府与社会资本合作（PPP）模式、后融资平台在建项目融资、政府投资基金以及资产证券化（ABS）融资方式等。[1]例如，在地方政府城市基础设施建设方面，政府与社会资本合作（PPP）就是解决资金问题的一条重要渠道。对于没有收益但必须开展的公益性项目，地方政府可以通过发行地方政府一般债券筹集所需资金；而对于有一定收益的公益性项目，究竟是发行专项债券还是采用PPP模式等其他方式融资，地方政府还需要权衡利弊，通过协调运用不同的融资机制释放最大融资能量。

由于专业和能力所限，笔者未对地方政府债券融资的另外一些重要问题进行深入地研究探讨。例如，扩大地方政府债券融资主体的必要性、可能性和具体方案的设计问题；适当突破地方政府债券的发行规模、丰富债券种类，最大限度地释放地方政府债券融资功能的问题；形成市场化的发行定价机制，改善地方政府债券二级市场活跃度的问题；在地方债限额管理的前提下探索提高地方政府债券融资的效率问题；协调地方政府债券融资与其他融资机制，解决好各种融资渠道的分工负责问题；从改革央地关系和财税体制的角度，化解地方政府财政资金与融资需求的矛盾问题；通过改革政府与官员考核机制，抑制地方政府负债动机促使地方理性举债的问题……在本书的最后，笔者将这

---

〔1〕 参见中国财政科学研究院金融研究中心课题组：《地方政府融资存在的问题及对策建议》，载《财政科学》2016年第7期。

些问题抛出来，一方面是希望能够引起其他学有专长的学者的研究兴趣，一起来开拓地方政府债券融资这一研究领域；另一方面也提醒自己“术业有专攻”，笔者仅是从法治的角度探讨和研究了地方政府债券融资的一部分问题，而现实中，需要协调运用包括法治规则、市场约束、协商机制以及行政控制等多种方法才能有效解决地方政府债务问题。

需要强调的是，尽管笔者赞同赋予地方政府举借债务的权力，也支持地方政府通过多种渠道解决资金问题，但前提是必须首先厘清政府与市场的关系。对于市场能够解决的问题，地方政府绝对不应过多插手，而将精力和资源集中用于解决市场不能解决或者难以有效解决的领域。在社会资源配置系统中，市场配置与政府配置是两种最重要的子系统，对于两种配置定位、范围、冲突与协调的讨论形成了关于“政府与市场关系”问题的历久弥新的话题。[1]我国经济体制改革的过程，就是一个不断调整政府与市场的关系并将其调整结果予以体制化和机制化的过程，“使市场在资源配置中起决定性作用和更好发挥政府作用”的提出，[2]清晰地展示了对于政府作用与市场作用在认识上的不断深化。[3]在地方政府负债问题上，我们也应该不断地提醒自己，是否存在地方政府“越位”市场的现象，能够通过市场办好的事情，绝不应再假地方政府之手，更没有理由通过地方政府举债的方式徒增解决问题的成本。

---

〔1〕 参见张守文:《政府与市场关系的法律调整》，载《中国法学》2014年第5期。

〔2〕 参见《中共中央关于全面深化改革若干重大问题的决定》(2013 年11 月12 日中共中央十八届三中全会通过)。

〔3〕 参见陈甦:《商法机制中政府与市场的功能定位》，载《中国法学》2014年第5期。

参考文献

一、专著

1.漆多俊:《经济法基础理论》,法律出版社2017年版。

2.马恩涛:《中国地方政府融资平台转型与地方政府债务风险防范研究》,经济科学出版社2017年版。

3.付子堂:《法理学进阶》,法律出版社2016年版。

4.李昌麒:《经济法学》,法律出版社2016年版。

5.王旭坤:《中国地方政府举债权研究》,法律出版社2016年版。

6.杜仲霞:《公共债务法律制度》,法律出版社2016年版。

7.胡恒松:《我国地方政府融资体系的构建:基于对政府融资平台的研究》,人民出版社2016年版。

8.郑春荣:《中国地方政府债务的规范发展研究》,格致出版社2016年版。

9.胡奕明:《地方政府性债务管理:实证研究与政策分析》,中国财政经济出版社2016年版。

10.孙鹏云:《政府会计改革与地方政府债务报告优化研究》,经济科学出版社2016年版。

11.中国财政科学研究院:《城镇化、债务融资与风险防控》,中国财政经济出版社2016年版。

12.付传明:《中国地方公债发展研究》,武汉大学出版社2016年版。

13.杨紫烜、徐杰:《经济法学》,北京大学出版社2015年版。

14.姚彤:《新预算法解读》,东南大学出版社2015年版。

15.陈骁:《经济法视角下的地方政府融资问题研究》,法律出版社2015年版。

16.李旭章:《我国财政政策选择与地方政府性债务研究》,人民出版社2015年版。

17.魏建国:《中央与地方关系法治化研究——财政维度》,北京大学出版社2015年版。

18.缪小林:《权责时空分离下的地方政府债务风险:生成、监测与防范》,经济科学出版社2015年版。

19.中国金融四十人论坛课题组:《城镇化转型:融资创新与改革》,中信出版社2015年版。

20.杨莎莎:《中国地方债治理法律制度研究》,经济科学出版社2015年版。

21.李晓钟:《审计债市:债券市场审计监管理论与实务》,中信出版社2014年版。

22.鹏元资信评估有限公司:《我国城镇化过程中地方政府融资研究》,中国经济出版社2014年版。

23.潘功胜:《市政债市场与地方政府预算约束》,中国金融出版社2014年版。

24.向东:《中国政府债券法律制度研究》,中国言实出版社2014年版。

25.唐云锋:《地方治理创新视角下的地方政府债务危机防范研究》,中国言实出版社2014年版。

26.刘军洛:《中国式金融魅影:地方债的危机与救赎》,东方出版社2014年版。

27.巴曙松、杨现领:《新型城镇化融资与金融改革》,中国工人出版社2014年版。

28.魏加宁等:《地方政府债务风险化解与新型城市化融资》,中国机械工业出版社2014年版。

29.叶姗:《财政赤字的法律控制》,北京大学出版社2013年版。

30.徐丽梅:《地方政府基础设施债务融资研究》,上海社会科学院出版社2013年版。

31.张朝元、况澜、余金轩:《中国城镇化建设中的资本运作——地方政府城市经营探索》,中国金融出版社2013年版。

32.高汉:《金融创新背景下的信用评级及监管的法律经济学分析》,法律出版社2012年版。

33.冉富强:《公债的宪法控制》,中国政法大学出版社2012年版。

34.曹小武:《中国地方政府债券发展研究》,湖北人民出版社2012年版。

35.刘少波:《市场准入、制度设计与风险防范——我国市政债券市场的开禁与发展研究》,经济科学出版社2011年版。

36.刘立峰:《地方政府融资研究》,中国计划出版社2011年版。

37.李昌麒:《经济法理念研究》,法律出版社2010年版。

38.傅勇:《中国式分权与地方政府行为——探索转变发展模式的制度性框架》,复旦大学出版社2010年版。

39.周沅帆:《城投债——中国式市政债券》,中信出版社2010年版。

40.刘剑文等:《中央与地方财政分权法律问题研究》,人民出版社2009年版。

41.高坚:《中国债券资本市场》,经济科学出版社2009年版。

42.章江益:《财政分权条件下的地方政府负债——美国市政公债制度研究》,中国财政经济出版社2009年版。

43.中华人民共和国财政部预算司:《财政部代理发行2009年地方政府债券问题解答》,中国财政经济出版社2009年版。

44.潘国旗:《近代中国地方公债研究——以江浙沪为例》,浙江大学出版社2009年版。

45.朱红琼:《中央与地方财政关系及其变迁史》,经济科学出版社2008年版。

46.杨辉:《市政债券发行规则与制度研究》,经济科学出版社2007年版。

47.时红秀:《财政分权、政府竞争与中国地方政府的债务》,中国财政经济出版社2007年版。

48.李冬梅:《中国地方政府债务问题研究》,中国财政经济出版社2006年版。

49.刘星、岳中志、刘谊:《地方政府债务风险预警机制研究》,经济管理出版社2005年版。

二、译著

1.[德]乌尔里克·霍斯特曼:《评级机构的秘密权力》,王煦逸译,上海财经大学出版社2015年版。

2.[英]莫拉德乔德里:《债券市场导论》,杨农等译,清华大学出版社2013年版。

3.[美]小戴丝·A.斯基尔:《债务的世界:美国破产史》,赵炳昊译,中国法制出版社2010年版。

4.[美]波纳、维金:《债务帝国》,李莉、石继志译,中信出版社2010年版。

5.[美]麦克·威廉姆斯:《政府债务管理:新趋势与挑战》,张伟等译,中国金融出版社2010年版。

6.[美]大卫·斯塔萨维奇:《公债与民主国家的诞生》,毕竞悦译,北京大学出版社2007年版。

7.[美]查尔斯·沃尔夫:《市场或政府:权衡两种不完善的选择》,谢旭译,中国发展出版社1994年版。

8.[美]詹姆斯·M.布坎南:《公共财政》,赵锡军等译,中国财政经济出版社1991年版。

三、文章类(含论文、新闻及报告)

1.周尚君:《地方政府法治竞争范式及其制度约束》,载《中国法学》2017年第3期。

2.刘俏:《地方政府投融资行为的生态系统》,载《中国金融》2017年第12期。

3.金荣学、傅鑫:《构建地方政府性债务责任承担机制的国际经验借鉴——以巴西实施〈财政责任法〉为例》,载《财会月刊》2017年第18期。

4.周航、高波:《财政分权、预算软约束与地方政府债务扩张》,载《郑州大学学报》(哲学社会科学版)2017年第2期。

5.张婉苏:《地方政府举债层级化合理配置研究》,载《政治与法律》2017年第2期。

6.张平:《“十三五”时期我国地方政府性债务风险研究》,载《湖北社会科学》2017年第1期。

7.庄佳强、陈志勇:《城镇化进程中的地方政府财政风险——基于三类融资模式的比较分析》,载《中南财经政法大学学报》2017年第1期。

8.冯果:《债券的证券本质与债券市场法制化——证券法修改背景下的债券法律体系重构与完善》,载《证券法苑》(2016年)第16卷。

9.李虹含:《新〈预算法〉下中国地方政府债务的监管探讨》,载《财政监督》2016年第7期。

10.中国财政科学研究院金融研究中心课题组:《地方政府融资存在的问题及对策建议》,载《财政科学》2016年第7期。

11.戴传利:《我国地方政府债券融资法律监管程序问题研究》,载《学术界》2016年第6期。

12.张延、赵艳朋:《预算软约束与我国地方政府债务》,载《经济问题探索》2016年第4期。

13.温来成:《“十三五”时期我国地方政府债券市场发展研究》,载《地方财政研究》2016年第3期。

14.张力毅:《通过破产法解决地方政府债务危机——美国的经验和启示》,载《行政法学研究》2016年第3期。

15.张宇润:《地方债券化解地方政府债务结风险的法律思考》,载《江淮论坛》2016年第1期。

16.宋夏云、马逸流、沈振宇:《国家审计在地方政府性债务风险管理中的功能认知分析》,载《审计研究》2016年第1期。

17.郑洁:《地方政府性债务管理与风险治理——基于新〈预算法〉施行的背景》,载《宏观经济研究》2015年第12期。

18.成涛林:《地方政府融资平台转型发展研究——基于地方债管理新政视角》,载《现代经济探讨》2015年第10期。

19.张同功:《新常态下我国地方政府债务风险评价与防范研究》,载《宏观经济研究》2015年第9期。

20.谭波:《破解我国地方债务问题的法治思考》,载《中州学刊》2015年第8期。

21.黄韬:《央地关系视角下我国地方债务的法治变革》,载《法学》2015年第4期。

22.汤玉刚、石绍宾:《土地租税制度重构与地方债务融资模式转变》,载《复旦学报》(社会科学版)2015年第4期。

23.苗庆红:《地方政府债务偿还机制研究》,载《经济体制改革》2015年第4期。

24.廖家勤、石琳:《软预算约束下中国地方政府过度负债的形成机制分析》,载《首都经济贸易大学学报》2015年第4期。

25.华国庆:《地方债危机:中央政府"救"与"不救"的权衡》,载《武汉大学学报》(哲学社会科学版)2015年第3期。

26.李敬涛、陈志斌:《公共品短缺、政府问责与政府负债信息披露》,载《中南财经政法大学学报》2015年第2期。

27.刘剑文、侯卓:《预算公开:内涵、功能与保障》,载《中国财政》2015年第1期。

28.刘剑文:《由管到治:新〈预算法〉的理念跃迁与制度革新》,载《法商研究》2015年第1期。

29.蔡书凯:《地方政府债务融资成本:现状与对策》,载《中央财经大学学报》2014年第11期。

30.杨勤宇、张天硕:《地方政府债券信用评级制度构想》,载《金融市场研究》2014年第11期。

31.刘子怡、陈志斌:《政府财务信息披露、绩效评价与地方政府投资行为》,载《人文杂志》2014年第11期。

32.温来成、彭羽、刘洪芳:《强化我国地方政府举债融资约束机制研究——以美国地方政府破产机制为例》,载《中央财经大学学报》2014年第9期。

33.[意]卢西亚诺:《意大利城邦的政府债券》(上),王宇译,载《金融发展研究》2014年第7期。

34.赵春萍、计茜:《美国联邦政府公债与市政债》,载《中国金融》2014年第6期。

35.李经纬、唐鑫:《中国地方政府债券发行制度设计思考——基于国际经验和新经济社会学视角》，载《社会科学家》2014年第6期。

36.张亚秋、赵英杰：《美国市政债券监管体系及其对我国地方政府自主发债监管的启示》，载《金融监管研究》2014年第6期。

37.杨珊：《论地方政府信用评级法律制度建设》，载《西南交通大学学报》(社会科学版)2014年第5期。

38.冉富强：《我国地方政府性债务困境解决的法治机制》，载《当代法学》2014年第3期。

39.席月民：《我国地方政府债券的发展及其立法跟进》，载《中国法律评论》2014年9月总第3期。

40.潘志斌：《地方政府债务规模、资产价值与债务风险》，载《华东师范大学学报》(哲学社会科学版)2014年第3期。

41.马恩涛、于洪良：《财政分权、地方债务控制与预算软约束》，载《管理评论》2014年第2期。

42.朱小川：《我国地方政府债券的制度选择》，载《证券市场导报》2014年第1期。

43.冯果、李安安：《走出地方政府融资平台的法律迷局及其规范的思路》，载《经济法论坛》(2013年)第10卷。

44.冯兴元、李晓佳：《地方政府负债问题与市政债券规则》，载《学术界》2013年第10期。

45.王帅：《地方债的前世今生》，载《理财》2013年第9期。

46.中国金融四十人课题组：《加快推进新型城镇化：对若干重大体制改革问题的认识与政策建议》，载《中国社会科学》2013年第7期。

47.谢群：《国外地方政府债券发行模式借鉴及启示》，载《地方财政研究》2013年第6期。

48.陈雨露：《中国新型城镇化建设中的金融支持》，载《经济研究》2013年第2期。

49.杨十二、李尚蒲：《地方政府债务的决定——一个制度解释框架》，载《经济体制改革》2013年第2期。

50.华东政法大学经济法律研究院：《中国地方政府债券制度比较研究：类型和模式》，载《经济法律研究报告》2013年第1号。

51.杨松、张永亮:《地方政府融资平台的发展方向》,载《法学》2012年第10期。

52.熊伟:《预算法应成为管理政府的工具》,载《社会观察》2012年第9期。

53.莫兰琼:《我国地方政府债务问题分析》,载《上海经济研究》2012年第8期。

54.郭剑鸣:《从"硬发展"到"硬扩权":我国地方政府债务膨胀的政治逻辑与风险》,载《社会科学战线》2011年第10期。

55.巴曙松:《地方债务问题应当如何化解》,载《西南金融》2011年第10期。

56.龚强、王俊、贾珅:《财政分权视角下的地方政府债务研究:一个综述》,载《经济研究》2011年第7期。

57.王建平:《地方政府债券关系的〈证券法〉调整》,载《证券法苑》(2011年)第5卷。

58.贾智莲、卢洪友:《财政分权与教育及民生类公共品供给的有效性——基于中国省级面板数据的实证分析》,载《数量经济技术经济研究》2010年第6期。

59.马进、殷强:《地方发债与地方政府隐性债务问题研究》,载《广西社会科学》2010年第5期。

60.姜长青:《我国三次发行地方债券的历史考察——以财政体制变迁为视角》,载《金融理论与实践》2010年第4期。

61.倪受彬、施丹婷:《金融危机背景下信用评级机构的法律责任问题初探》,载《社会科学》2009年第8期。

62.吕炜、王伟同:《发展失衡、公共服务与政府责任——基于政府偏好和政府效率视角的分析》,载《中国社会科学》2008年第4期。

63.马骏、刘亚平:《中国地方政府财政风险研究:"逆向软预算约束"理论的视角》,载《学术研究》2005年第11期。

64.王锐、张韶华、黎慧民:《从美日经验看地方政府债券制度》,载《经济问题》2005年第5期。

65.刘利刚、陈少强:《地方政府举债必然导致过度负债吗?——以美国为例》,载《国际经济评论》2005年第5期。

66.章江益:《美国财政联邦制条件下州和地方政府的债务控制》,载《财政研究》2007年第3期。

67.宋立:《地方公共机构债券融资制度的国际比较及启示——以美国市政债券与日本地方债券为例》,载《经济社会体制比较》2005年第3期。

68.周雪光:《"逆向软预算约束":一个政府行为的组织分析》,载《中国社会科学》2005年第2期。

69.杨萍:《国外地方政府债券市场的发展经验》,载《经济社会体制比较》2004年第1期。

70.马克勤:《法律赋予政府机关法人资格的特殊意义和作用》,载《法律科学》1990年第2期。

71.李丽辉:《土地储备融资 首发专项债券》,载《人民日报》2017年6月2日。

72.李哲:《地方债务置换年可省息2000亿元》,载《经济日报》2015年12月23日。

73.宋伟健、霍志辉:《美国市政债为我国地方债发展提供借鉴》,载《中国经济导刊》2015年8月4日。

74.刘宝亮:《专家:以主权信用等级为基准,对地方债采取差别化评级》,载《中国经济导报》2014年12月2日。

75.李经纬:《地方融资平台转型需分类推进》,载《中国证券报》2014年11月17日。

76.朱荣恩、郭继丰、郑宇:《地方政府债券信用评级的探索》,载《金融时报》2014年8月25日。

77.刘永刚:《地方债规模或超30万亿》,载《中国经济周刊》2014年8月18日。

78.张涵:《难题在于地方债仍无明确的违约机制》,载《21世纪经济报道》2014年6月10日。

79.刘永刚:《地方债自行合法化?》,载《中国经济周刊》2011年第42期。

80.叶锋、周琳:《如何看待地方政府高负债》,载《人民日报》2010年6月28日。

81.常红、刘茸、李叶:《地方债审计风暴今日全面展开 或成反腐败先行棋》，载http://www.js.xinhuanet.com/2013-08/01/c_116764095.htm。

82.沙璐：《财政部汇报地方债情况：部分地方连利息也无力偿还》，载http://news.youth.cn/gn/201512/t20151223_7450188.htm。

83.贾雪：《地方政府信用评级：沪、粤、京信用最高 黑、甘、云最低》，载http://news.xinhuanet.com/fortune/2013-10/29/c_125614616.htm。

84.张云：《构建城镇化多元融资模式》，载http://news.xinhuanet.com/fortune/2014-01/16/c_126014653.htm。

85.《地方债审计风暴今日全面展开 或成反腐败先行棋》，载http://www.js.xinhuanet.com/2013-08/01/c_116764095.htm。

86.尹中卿：《地方债问题有多大风险：一些地方政府实际已破产》，载http://business.sohu.com/20141031/n405634951.shtml。

87.《2016年地方债将迎发行高峰：新增债券或破万亿》，载http://business.sohu.com/20160114/n434459917.shtml。

88.周潇枭：《报告称地方债风险集中在县级政府 完善偿债准备金制度》，载http://jiangsu.china.com.cn/html/finance/cjgc/525665_3.html。

89.杨志锦：《90天将完成五级政府性债务审计》，载http://news.esnai.com/2013/0730/92717.shtml。

90.《地方债成第三大债券品种 2016年发行规模将扩大》，载http://money.163.com/15/1230/11/BC32R6KD00253B0H.html。

91.邵鹏璐：《地方债发行首现流标辽宁成"第一个中枪者"》，载http://www.ceh.com.cn/qyzq/867275.shtml。

92.陈益刊、楚靖慧、杨燕：《地方债自发自还试点均获3A级 专家称可信度不高》，载http://finance.sina.com.cn/money/bond/20140911/072120262147.shtml。

93.郭一信、苗燕：《地方债清理稳步推进 近九成省级政府已建偿债基金》，载http://www.cnstock.com/index/zhuangti/lh2012/lh12zxbb/201203/1902979.htm。

94.《中国地方债的"前世今生"》，载http://js.qq.com/news/yc/history/007.htm。

95.梁发芾：《曾经的地方债》，载http://blog.ifeng.com/article/31666661.

html。

四、外文文献

1. John E. Petersen, Robert W. Doty, Ronald W. Forbes and Donald D. Bourque, "Searching for Standards: Disclosure in the Municipal Securities Market", *Duke Law Journal*, Vol. 1976, No. 6.

2. Ronald David Greenberg, "Municipal Securities: Some Basic Principles and Practices", *9 The Urban Lawyer*, 1977.

3. Lisa M. Fairchild & Nan S. Ellis, "Municipal Bond Disclosure: Remaining Inadequacies of Mandatory Disclosure Under Rule 15c2-12, 23" *The Journal of Corporation Law*, 1998, pp.440-467.

4. Philip Grommet: A Call for Action, "An Analysis of the Impending Regulatory Crisis in the Municipal Securities Market", *Journal of Legislation*, Vol.38, 2012, pp.242-278.

5. Christine Sgarlata Chung, "Municipal Securities: The Crisis of State and Local Government Indebtedness, Systemic Costs of Low Default Rates, and Opportunities for Reform", *Cardozo Law Review*, Vol.34, 2013.

6. Neil O' Hara, "The Fundamentals of Municipal Bonds", *Financial Analysts Journal*, January/February 2013, Volume 69 Issue 1.

7. David E. Wildasin, "The Institutions of Federalism: Toward an Analytical Framework", *National Tax Journal*, 57(2), 2004.

8. John C. Coffee, Jr., "Ratings Reform: the Good, the Bad, and the Ugly", *Harvard Business Law Review*, Vol.1, pp.231-278, 2011.

9. Robert J. Rhee, "Why Rredit Rating Agencies Exist", *Economic Notes*, Vol.44, Issue 2, pp.161-176, 2015.

10. Carol Ann Frost, "Credit Rating Agencies in Capital Markets: A Review of Research Evidence on Selected Criticisms of the Agencies", March 15, 2006. Available at SSRN: http://ssrn.com/abstract=904077.

11. Patrick Bolton, Xavier Freixas, Joel Shapiro, "The Credit Ratings Game", *The Journal of Finance*, Vol.67, Issue 1, pp.85-111, 2012.

12. Wildasin D. "TheInstitutions of Federalism: Toward an Analytical Framework" *National Tax Journal*, 2004.

13. Christine Sgarlata Chung, "Municipal Securities: The Crisis of State and Local Government Indebtedness, Systemic Costs of Low Default Rates, and Opportunities for Reform", *Cardozo Law Review*, Vol.34, 2013.

后　记

2008年，当笔者从经济学转而迈进法学的殿堂时，从未想过有一天会在这条路上走这么远。一直以来，“半路出家”的我对于自己的法学功底总是不够自信，总是担心一不小心就会将自己的浅陋显露出来。进行博士后研究，在一定程度上可能正是源于内心里想要弥补自己法学研习上先天不足的缺憾。庆幸的是，笔者的博士后合作导师顾功耘教授以及华东政法大学给了我这个机会。

博士毕业前，彼时我正在考虑是做博士后继续深入研究还是寻找一个相对称心的工作岗位而游移不定、四处奔波。在一个并不特别的午后突然接到了顾老师亲自打来的电话，询问我是否愿意参加华政的师资博士后面试（因为此前曾向华政投递过求职简历）。我欣喜之极，一则因为顾老师是我仰慕已久的著名学者，能够成为顾老师的学生，得到顾老师的学术指导无疑是一种难得的幸运；二则因为华政提供给我的师资博士后研究机会非常好，既可以实现继续深造的愿望，同时也减轻了找寻工作的后顾之忧。自此我便与华政结缘，并在第一次见到了华政校园的“美貌”后不可救药地爱上了这里。

时光荏苒，从最初的面试电话到在键盘上敲下博士后研究报告的最后一个字符，两年多的光阴仿佛眨眼之间便倏然而逝，以致博士后报告的完成不仅没有让我感到如释重负，反倒油然而生一种莫名的沉重和无力之感：在这基本不受外界打扰可以专事学术的两年中，我究竟做了些什么？是否达到了当初做博士后的预期？我的学术水平和专业能力又提高了多少？我能否为这两年的研究工作画上一个圆满的句号……不能对这些问题做出肯定的回答，正是沉重和无力的原因。坦白说，对于博士后研究课题——地方政府债券融资的法治约束问题，直至研究完成我才好像刚刚厘清了思路，有了一些自己的想法和观点，报告中还有不少需要修改和完善的地方……这种感觉就好像经常梦到的考试一样，在要交卷的时候才发现原来还有好多题目没有做完，然而时间到了，该交的考卷必须要交，尽管你对它不满意，尽管你认为你还可以做得更好，游戏的规则却是一定要遵守的。庆幸的是，梦中的考试不可能继续，但我所选择的这条学术道路却不会因为博士后研究的结束而宣告终结。

带着对自己博士后研究阶段的不满和遗憾，我在出站后仍然继续研究地方政府债券融资的法治约束这一选题，并有了将博士后研究报告仔细修改完善以便付梓出版的想法。于是在接下来的一年多时间里，重新斟酌和梳理博士后研究报告的脉络，使自己的研究思路更加清晰。对原有的章节进行了重新调整和安排，使之更具逻辑合理性。追踪国内外关于该课题研究的最新成果，并将对这些成果的理解与思考反映在自己的研究当中。在完成博士后研究报告的一年多以来，国家对于地方政府债券以及地方政府性债务又出台了一些新的政策和规定，地方政府债券融资的形势也发生了一些新的变化，出现了一些新的特征。笔者将这些新的政策规定和新变化、新特征也增加到了书稿之中。另外，一些在博士后研究阶段未及深入思考的问题，笔者也尽己所能地在修改完善过程中进行了拓展和挖掘，形成了一些新的观点和想法。当然，由于自身所学和能力的限制，对地方政府债券融资的法治约束这一问题至今仍然留有一些困惑，以至于最终成型的书稿中肯定难免错漏和遗憾。

笔者常常心怀感恩，因为，在人生的每一个重要的转折点，笔者都会幸运地遇到为我指引方向和指点迷津的人。在书稿即将付梓之际，笔者想特别感谢博士后导师顾功耘教授，是顾老师给了我继续做博士后研究的决心，每当在研究中遇到瓶颈和问题需要求助时，顾老师无论多么繁忙总会尽量安排时间给我悉心指导！感谢在我博士后研究阶段给予指导和帮助的唐波教授、罗培新教授、吴宏教授、沈贵明教授、陈少英教授、肖国兴教授、杨忠孝教授和陈岱松教授，虽然平时和诸位教授的交流并不多，但教授们每次的指点总会给我带来启发和灵感！当然，也要感谢经济法学院以及笔者所在部门的所有领导和同事，他们在自己的能力范围之内尽可能地为我的研究工作提供了便利条件。感谢我的博士生导师冯果教授和硕士生导师刘丹冰教授，虽然我已经毕业甚至已经毕业多年，但两位老师仍然一如既往地指导和关心着我的学业、工作和生活。笔者也要感谢所有同学、同事、朋友们，他们与我一起并肩战斗，共同成长，在我遇到挫折和困难，需要帮助的时候，是他们给了我信心和力量。最后，特别感谢我的先生，这些年如果没有他在背后默默付出和不断鼓励，我或许早就没有了坚持下去的勇气。特别感谢我的儿子，虽然很多时候他总是可怜巴巴地希望妈妈能多陪陪他，但在听了妈妈必须工作的道理后他也能非常懂事地跟我说"再见"。何其有幸，让我遇到这些善良可爱的人们，而我又能为你们做些什么呢？唯愿一生平安！

本书的付梓，离不开华东政法大学和法律出版社的大力支持，在此深表感谢！同时也感恩并致敬那些为本书的出版付出了辛勤劳动的诸位老师和编辑！对于书中的错漏与不足，笔者恳请诸位方家赐教和建言。希望这些不满和遗憾能够成为我继续奋勇向前的动力，希望自己能够不忘初心，沿着自己所选择的学术道路踏踏实实地坚持下去。

二零一七年仲夏于华政松江校园

图书在版编目(CIP)数据

地方政府债券融资的法治约束问题研究 / 窦鹏娟著
.—北京:法律出版社,2017
(华东政法大学65周年校庆文丛)
ISBN 978-7-5197-1244-0

Ⅰ.①地… Ⅱ.①窦… Ⅲ.①地方财政—债券融资—经济法—研究—中国 Ⅳ.①D922.290.4

中国版本图书馆CIP数据核字(2017)第204168号

地方政府债券融资的法治约束问题研究
DIFANG ZHENGFU ZHAIQUAN RONGZI DE FAZHI YUESHU WENTI YANJIU

窦鹏娟 著

策划编辑 黄琳佳
责任编辑 黄琳佳
装帧设计 汪奇峰

出版 法律出版社
总发行 中国法律图书有限公司
经销 新华书店
印刷 固安华明印业有限公司
责任校对 杜 进
责任印制 陶 松

编辑统筹 学术·对外出版分社
开本 720毫米×960毫米 1/16
印张 11.25
字数 174千
版本 2017年10月第1版
印次 2017年10月第1次印刷

法律出版社 / 北京市丰台区莲花池西里7号(100073)
网址 / www.lawpress.com.cn
投稿邮箱 / info@lawpress.com.cn
举报维权邮箱 / jbwq@lawpress.com.cn
销售热线 / 010-63939792
咨询电话 / 010-63939796

中国法律图书有限公司 / 北京市丰台区莲花池西里7号(100073)
全国各地中法图分、子公司销售电话:
统一销售客服 / 400-660-6393
第一法律书店 / 010-63939781/9782　西安分公司 / 029-85330678　重庆分公司 / 023-67453036
上海分公司 / 021-62071639/1636　深圳分公司 / 0755-83072995

书号: ISBN 978-7-5197-1244-0
定价: 45.00元